lonely planet

DE CERCA SHANGHÁI

Jade Bremner

Sumario

Arriba: jardines y bazar de Yùyuán (p. 68).
Abajo: el Bund (p. 35).

Puesta a punto ... 4

Explora Shanghái ... 32

Guía práctica ... 141

EN SENTIDO HORARIO DESDE ARRIBA: CYO BO/SHUTTERSTOCK ©, YANG WEI CHEN/SHUTTERSTOCK ©

★ Imprescindible

El viaje empieza aquí

Mi antiguo hogar, la ciudad más cosmopolita de China, no es fácil de encasillar. Con su futurista línea del horizonte y su creatividad, la antaño semicolonial Shanghái también abunda en historia, arquitectura y tradición. Visitarla puede salir barato al estilo mochilero o ser una experiencia derrochadora en régimen de opulentos hoteles, centros comerciales de lujo y homenajes culinarios. Algunos rincones sorprenden por su sosiego. Solo hay que pasear por la antigua Concesión Francesa, visitar un templo o hacer un pícnic en un parque para entender por qué esta metrópoli es tan fascinante.

Jade Bremner

@jadebremner/@jadeob

Jade Bremner ha escrito más de 45 guías para Lonely Planet y se especializa en gastronomía, cultura y viajes de aventura. Ha vivido en cuatro continentes, pero siempre vuelve a la embriagadora Shanghái.

Lujiazui, Pŭdōng (p. 117).

LO MEJOR

Panorámicas

Para hacerse de verdad una idea del tamaño de la tercera ciudad más grande del mundo –con casi 30 millones de habitantes–, hay que subir a las alturas. Desde los rascacielos más elevados de Shanghái se obtienen unas vistas cautivadoras.

Para una impresionante panorámica de 360°, hay que subir al **Observatorio Transparente** de la torre de televisión Perla Oriental. (p. 124; arriba, izda.)

En el elegante **Grand Hyatt** de la torre Jīnmào se disfruta de cena y cócteles... y de unas vistas espléndidas del Bund y Huángpǔ. (p. 123)

Buenas vistas nocturnas de Pǔdōng desde el **Char Bar,** en la planta 30ª del Hotel Indigo, y una de las mejores panorámicas sobre el río Huángpǔ. (p. 75; arriba, dcha.)

El ascensor sube a 1260 m por minuto hasta la cima de la **torre de Shanghái,** el tercer edificio más alto del mundo, con unos vertiginosos 632 m. (p. 128)

Si se quiere impresionar, la acogedora **Cupola** del restaurante con estrella Michelin Pop on the Bund ofrece una íntima cena con vistas a los rascacielos de Pǔdōng. (p. 44)

Dcha.: torre de Shanghái (p. 128).

LO MEJOR

Arquitectura histórica

Shanghái es una metrópoli moderna, pero tras los rascacielos futuristas subyace una larga historia y tradición plasmadas en su arquitectura. Y hay de todo, desde marañas de callejuelas y residencias históricas a templos antiguos y edificios neogóticos.

Para contemplar los ornamentados edificios neoclásicos y neogóticos de la Shanghái histórica, hay que recorrer el **paseo del Bund.** (p. 36)

Uno de los ejemplos más cautivadores de la arquitectura emblemática de Shanghái: las evocadoras callejuelas de **Tiánzǐfáng.** (p. 90; arriba, izda.)

Relajarse en el sosiego de los **jardines de Yùyuán,** con puentes, pabellones, flores y elementos de piedra de 1559. (p. 68; arriba, dcha.)

En el **templo de Longhua** se eleva la impresionante pagoda de siete plantas que aparece en *El imperio del sol.* (p. 134)

Explorar los lujosos pero tradicionales callejones de **Xīntiāndì,** con magníficos restaurantes y tiendas en casas *shíkùmén* reconstruidas. (p. 84)

De paseo por la histórica **Jìng'ān,** se puede visitar la casa de Mao Zedong y ver cómo vivía el fundador de la República Popular China. (p. 110)

Dcha.: pagoda de Longhua (p. 135).

LO MEJOR

Al aire libre

Si gustan las emociones fuertes, los espacios abiertos y la gastronomía, Shanghái es ideal para pasárselo en grande. Aquí no faltan alturas de vértigo, aventuras llenas de sabor, tranquilos recorridos en bici y extensos jardines.

El estómago se encoge al caminar por la pasarela exterior de la emblemática **torre Jīnmào,** a 360 m (88 pisos) de altura. (p. 122)

La montaña rusa más rápida de Disney está en el divertidísimo **Shànghǎi Disneyland,** en Pǔdōng, todo un chute de adrenalina. (p. 127; arriba, izda.)

UnTour Shanghai deleita el paladar en una aventura culinaria y confirma por qué la ciudad es la capital gastronómica de China. (p. 95)

Vías fluviales para navegar y cuidados senderos que recorrer en bici en los **jardines botánicos de Shanghái,** con 80 Ha de pinares y jardines de hierbas y peonías. (p. 138; arriba, dcha.)

Una perspectiva distinta: explorar las tranquilas y arboladas calles de la antigua Concesión Francesa sobre dos ruedas con **China Cycle Tours.** (p. 95)

Dcha.: torre Jīnmào (p. 122).

LO MEJOR

Experiencias culturales

Shanghái es una ciudad creativa, que depara una sorpresa tras otra, desde extravagantes obras de arte y curiosos museos hasta vibrantes espectáculos y técnicas curativas tradicionales, unas experiencias que dejarán un recuerdo inolvidable.

En el **Museo de los Carteles Propagandísticos** pueden contemplarse los extraordinarios carteles originales de la Revolución china. (p. 97; arriba, izda.)

Para saber cómo se combate la delincuencia, hay que acudir al curioso y macabro **Museo de la Seguridad Pública.** (p. 97; arriba, dcha.)

Experimentar las técnicas de la medicina tradicional china en **Zen Massage:** ventosas, velas para los oídos, masaje a cuatro manos… (p. 96)

Uno puede empaparse de la rica historia del *jazz* en el **House of Blues & Jazz,** un local excepcional. (p. 46)

Si apetece ópera, *ballet,* danza o música tradicional china hay que acudir al **Gran Teatro de Shanghái,** uno de sus principales escenarios. (p. 59)

¿Un paseo por la alfombra roja? El excelente **Museo del Cine de Shanghái** permite conocer su dilatada historia cinematográfica. (p. 138)

Dcha.: Gran Teatro de Shanghái (p. 59).

DESDE LA IZDA.: GREG ELMS/LONELY PLANET©, NGCHIYUI/ SHUTTERSTOCK ©, SKY_BLUE/GETTY IMAGES ©

WEIMING XIE/SHUTTERSTOCK ©

LO MEJOR

Para niños

En el **Museo de Historia Natural de Shanghái** los niños se verán cara a cara con animales disecados, dinosaurios animatrónicos y bichos varios. (p. 104)

Abrazar a un personaje de Disney o subirse a la rapidísima montaña rusa Tron en el segundo **Disneyland** más grande del mundo. (p. 127)

En el **Shànghǎi Circus World** los artistas desafían la gravedad (y lo humanamente posible) con sus trucos y acrobacias. (p. 112)

El futuro de la robótica y la tecnología está en el **Museo de Ciencia y Tecnología de Shanghái,** donde los niños participan en experimentos muy chulos. (p. 128; arriba)

Cantar karaoke, disfrazarse de astronauta, ver estatuas de cera de famosos... Todo en **Madame Tussauds.** (p. 58)

El parque más grande de Shanghái es el **Century Park,** junto al Museo de Ciencia y Tecnología, donde hacer un pícnic o volar una cometa. (p. 128)

GRATIS

LO MEJOR

Gratis

En el singular **Museo de Shanghái** se puede curiosear entre una sensacional colección de objetos culturales. (p. 58)

En el **Parque Escultórico de Jìng'ān** se puede pasear entre imponentes obras de arte permanentes y contemplar en primavera los cerezos en flor. (p. 105)

Andar durante kilómetros por las frondosas calles de la antigua **Concesión Francesa,** con evocadoras casas, callejuelas y villas *art déco.* (p. 82; arriba)

Los **jardines botánicos de Shanghái** ofrecen 80 Ha con parterres de hierbas aromáticas y flores, y todo un bosque de pinos. (p. 138)

En el **parque del Pueblo** pueden verse lugareños practicando taichí, bailes de salón y música; un hervidero de actividad en el centro de Shanghái. (p. 54)

Hay que entrar en la pirámide roja invertida para ver el **Museo de Arte de China,** con excelentes exposiciones de arte local e internacional. (p. 127; arriba)

DESDE LA IZDA.: LAURIN/SHUTTERSTOCK ©, ABCDSTOCK/SHUTTERSTOCK ©

Tres días perfectos

Para salir a recorrer la ciudad sin vacilación, he aquí varias propuestas de itinerarios que recogen lo mejor que Shanghái tiene que ofrecer.

Jardines de Yùyuán (p. 68).

PRIMER DÍA

Si solo se dispone de un día

MAÑANA

Disfrutar de las vistas más emblemáticas de la ciudad dando un tranquilo **paseo** (p. 56) por la plaza del Pueblo. Parar en **Victor's** (p. 47) para tomar té y pasteles.

TARDE

Hacerle una foto al impresionante horizonte de Pǔdōng desde el **paseo del Bund** (p. 36) y admirar sus edificios históricos. Se almuerza en **Yuanmingyuan Road** (p. 39).

NOCHE

Cruzar el río Huángpǔ por el curioso **túnel panorámico del Bund** (p. 43; arriba) y subir a los espectaculares miradores de la **torre de Shanghái** (p. 128) o de la **torre de televisión Perla Oriental** (p. 124). Se cena en **On 56** (p. 129), en el hotel Grand Hyatt de la torre Jīnmào.

SEGUNDO DÍA

Un fin de semana

MAÑANA

Se hace el circuito de desayuno por la antigua Concesión Francesa con **UnTour Shanghai** (p. 95), para luego ver la arquitectura *shíkùmén* de **Xīntiāndì** (p. 84). En el **Museo de Artesanía de Shanghái** (p. 97) se ve a los artistas trabajar.

TARDE

Para explorar callejones antiguos hay que ir a **Tiánzǐfáng** (p. 90), parando en **Wei Xiang Zhai** (p. 93) a comer tallarines. Se cruza la ciudad hasta el **Museo de los Carteles Propagandísticos** (p. 97) para ver reliquias comunistas antes de comer en **Xibo** (p. 98).

NOCHE

Tras ver transgredir los límites en la **M50** (p. 108), se va al **paseo del Bund** (p. 36; arriba) por las vistas antes de cenar en **Pop on the Bund** (p. 44). Luego, *jazz* en directo en **House of Blues & Jazz** (p. 46).

TERCER DÍA

Una escapada

MAÑANA

Se recorren los hermosos **jardines de Yùyuán** (p. 68), de 1559, antes de degustar unos humeantes *dumplings xiǎolóngbāo* en **Nanxiang Steamed Bun Restaurant** (p. 72).

TARDE

Visitar la impresionante pagoda del **templo de Longhua** (p. 134; arriba) y deleitarse luego con sensacionales platos en **Commune Social** (p. 114), de Jason Atherton. Después, en el macabro **Museo de la Seguridad Pública** (p. 97) se descubre cómo las autoridades chinas mantienen a raya las actividades ilegales.

NOCHE

Un gran espectáculo en el **Shanghai Circus World** (p. 112) seguido de cena y cóctel en el moderno (y oculto) **Bastard** (p. 114). Se remata en el bar de *jazz art déco* **Heyday** (p. 99).

Con más tiempo

Subir a la mítica montaña rusa Tron de **Shànghǎi Disneyland** (p. 127) y a la atracción acuática de *Piratas del Caribe* antes de visitar los rascacielos de **Lujiazui** (p. 120).

Un veloz ascensor lleva a la planta 88ª de la **torre Jīnmào** (p. 122), donde hay que experimentar el subidón de caminar por la cornisa del edificio sin más sujeción que una cuerda de seguridad. Los nervios se calman con un delicioso bocado en **Yang's Fry Dumplings** (p. 125). Bajar la comida recorriendo los 20 km del **paseo del Bund** (p. 36). Luego se visita el excelente **Museo de Arte de Pǔdōng** (p. 127) para ver obras de arte moderno internacional antes de adentrarse en la pirámide roja invertida del **Museo de Arte de China** (p. 127).

Se vuelve a la torre Jīnmào, esta vez para entrar en el **Grand Hyatt** (p. 123) y contemplar su vertiginoso atrio dorado. Luego se toma un cóctel en **Cloud 9** (p. 129), con vistas a las luces titilantes de Pǔdōng y el Bund.

Grand Hyatt (p. 123).

ALEXANDER GATSENKO/SHUTTERSTOCK ©

Una excursión

Vale la pena salir de la ciudad y pasar el día en **Shéshān** (佘山), con un bosque de bambú y vistas del paisaje montañoso. También hay un gran parque acuático con montañas rusas que encantará a los niños más mayores y restos arqueológicos para los aficionados a la historia. Se llega fácilmente con la línea 9 del metro.

Otra divertida excursión de un día es a la antigua ciudad de los canales, **Zhūjiājiǎo** (朱家角; arriba), unos 30 km al oeste de Shanghái, con sus pintorescos puentes y estrechas callejuelas que serpentean en torno a los evocadores canales. Se llega con la línea 17 del metro (1¼ h desde la plaza del Pueblo).

En un día de lluvia

En Shanghái no faltan lugares a cubierto para divertir a toda la familia; el **Museo de Historia Natural de Shanghái** (p. 104; arriba) se lleva la palma, con sus animales disecados y dinosaurios animatrónicos.

A los niños más activos hay que llevarlos a **Cages** (p. 113), un edificio tipo nave, entre centro de deportes y *pub* (¡para los padres!) con boxes de bateo, canastas, campos de fútbol *indoor,* mesas de billar y muchos juegos de bar. Cerca, **RIINK** (p. 113) es otra opción divertida, una pista de patinaje en un restaurante.

El **Museo de Shanghái** (p. 58), gratis, es de visita obligada para los interesados en objetos chinos de todas las épocas: muebles, piedras preciosas, artesanía, reliquias...

Prepararse

ANTES DE PARTIR

Entre dos y tres meses antes Reservar habitaciones en hoteles populares y entradas para conciertos y festivales de nivel.

Un mes antes Hacer reserva en restaurantes populares y espectáculos teatrales.

Unos días antes Consultar el tiempo al hacer la maleta. Descargar una VPN en el móvil y aplicaciones de pago como Alipay y WeChat.

Costumbres

Saludar primero a la persona de más edad. Evitar temas delicados, como la política, y no hacer quedar mal a nadie (por ejemplo, llevando la contraria en público). No señalar a nadie con el dedo ni fotografiar sin preguntar antes.

Hay que entregar y recibir cosas con las dos manos. No apuntar a nadie con los palillos ni clavarlos en vertical en un plato de comida (mala suerte).

Tecnología esencial

Descargar una **aplicación china de pago** (Alipay, WeChat) y vincularla a una tarjeta de débito antes de aterrizar en China. Esto es esencial para reservar taxis, coches y trenes, pagar en restaurantes y hacer compras. Para ello se escanea un código QR o se presenta el QR del móvil para que el establecimiento haga el cobro.

Descargar una **aplicación de traducción** (Alipay) y una **aplicación de mapas de metro** (Explore Shanghai).

Descargar una **VPN** antes de llegar para acceder a sitios web bloqueados (Google, WhatsApp, Instagram).

Lo que hay que saber

Horario Shanghái es muy nocturna. Los centros comerciales no abren hasta media mañana y cierran sobre las 22.00. Los restaurantes no abren hasta las 17.00, pero sirven hasta las 22.00.

Contacto El espacio personal es otro: la gente camina muy cerca; basta con mantener la calma y tomar más distancia. La paciencia es vital en una ciudad de casi 30 millones de habitantes.

Carreteras Cruzar la calle de manera imprudente en teoría es ilegal, pero todo el mundo lo hace. Eso sí, en las intersecciones más grandes hay que cruzar en verde para no llamar la atención de un agente de tráfico.

Ropa En general, Shanghái es una ciudad informal. Se puede ir en zapatillas y vaqueros, aunque los hoteles y restaurantes de más categoría tal vez exijan ropa elegante pero informal.

PROPINAS

En general, en Shanghái no se estilan. Algunos hoteles de alta gama sí añaden un cargo por el servicio.

0%+

Restaurantes

No es necesaria en puestos de comida callejeros ni en locales económicos.

0%

Bares

No hace falta dar propina por beber en *pubs*, bares y discotecas.

0%

Taxis

No hace falta.

PRESUPUESTO DIARIO

Económico Hasta 500 ¥

- Cama en dormitorio colectivo: **75-100 ¥**
- Comida callejera o en restaurantes económicos: **desde 50 ¥**
- Metro, alquiler de bici u otros transportes: **20-30 ¥**
- Museos: **gratis y hasta 50 ¥**

Medio Entre 500 a 1300 ¥

- Habitación doble en hotel de gama media: **500-1000 ¥**
- Comer y cenar en restaurantes locales: **100-200 ¥**
- Taxis: **desde 16 ¥ por viaje**
- Cócteles: **desde 80 ¥**

Alto Más de 1300 ¥

- Habitación doble en hotel elegante: **desde 1000 ¥**
- Comer y cenar en restaurantes de gama alta: **desde 300 ¥**
- Comprar en *boutiques:* **desde 300 ¥**

Moneda
Rénmínbì (yuan, ¥)

Idiomas
Mandarín y shanghainés

Hora local
Hora oficial china (GMT/UTC + 8 h)

CONSEJO

Para estar al día de los eventos de Shanghái, pueden seguirse canales de comunicación locales en inglés como **Smart Shanghai.** Escanea este código QR para visitar su sitio web.

Cuándo ir

Shanghái puede visitarse en cualquier época del año, aunque puede hacer un frío intenso en invierno y un calor sofocante en verano. En primavera, durante la floración, las temperaturas son suaves.

Shanghái siempre está concurrida, si bien algunos lugares (templos incluidos) están abarrotados durante el Año Nuevo chino. En invierno, la ciudad quizá resulte fría, incluso en interiores, pues las temperaturas pueden bajar hasta los 4°C. Aunque no hace tanto frío como en Pekín, Shanghái no está tan bien equipada para las bajas temperaturas, ya que no hay calefacción central en muchos sitios. La mayoría de los edificios públicos tienen aire acondicionado para los meses de verano, cuando las temperaturas medias rondan los 29°C. Muchos restaurantes y bares tienen terrazas al aire libre.

Festivales culturales

Febrero/marzo Los **jardines de Yùyuán** (p. 68) se decoran con luces colgantes de colores durante el **Festival de los Faroles** (p. 71) anual, desde el día 15 del primer mes lunar (12 de febrero en el 2025, 3 de marzo en el 2026, 20 de febrero en el 2027). Es tradicional comer *yuán xiāo* (también llamados *tāng yuán; dumplings* de arroz glutinoso con rellenos dulces), que venden por toda la ciudad.

Marzo/abril y septiembre/ octubre La **Semana de la Moda de Shanghái** tiene lugar en primavera y otoño. Normalmente solo se puede acudir con invitación, pero a veces los hoteles consiguen entradas con antelación para desfiles y eventos.

Junio Para conocer las últimas tendencias en diseño de interiores, hay que ir a **Xīntiāndì** (p. 84) al **Festival de Diseño de Xīntiāndì,** un evento de cuatro días.

Clima

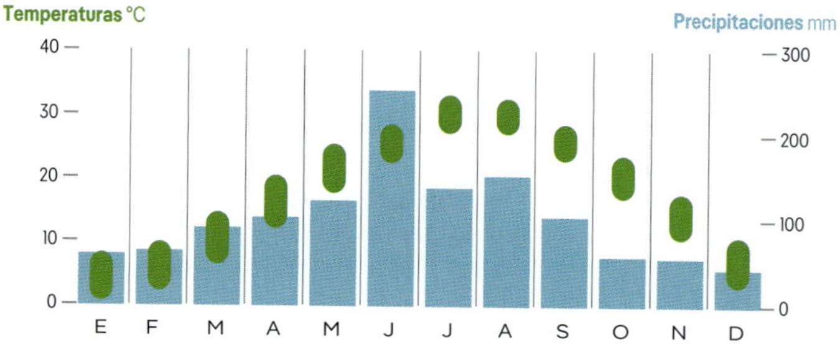

GE JIAJUN/SHUTTERSTOCK ©

Festival de los Faroles (p. 71), jardines de Yùyuán.

Junio En el río Huángpǔ, el río Sūzhōu y el lago Dianshan tienen lugar las tradicionales regatas del **Festival del Barco del Dragón,** en el quinto día del quinto mes lunar.

Octubre y noviembre Otoño es arte. El programa de la **Feria Internacional de Arte de Shanghái,** que dura un mes, incluye la Feria de Arte de Shanghái, la Bienal de Shanghái, y espectáculos internacionales de música, danza, ópera y acrobacias.

Deporte y música

Abril Los amantes de la velocidad de toda Asia acuden al Circuito Internacional de Shanghái para ver el **Gran Premio de China** de Fórmula 1, que dura tres días.

Noviembre El **maratón internacional de Shanghái,** que sale de la escultura del Toro del Bund y termina en el estadio de Shanghái, reúne cada año a unos 10 000 participantes que pasan por algunos de los lugares más icónicos de la ciudad.

Noviembre Nada mejor para los aficionados a la música que el relajado **JZ Festival,** que reúne a grandes nombres del *jazz, blues, funk* y soul durante dos días en el recinto de la Exposición Universal 2010.

CONSEJOS SOBRE ALOJAMIENTO

Los precios del alojamiento suben algo entre mayo y octubre, durante las vacaciones escolares chinas de verano, cuando las temperaturas de la ciudad son más agradables. Reservando con antelación se consiguen las mejores ofertas.

Cómo llegar

Casi todos los pasajeros extranjeros llegan a Shanghái en avión. Hay dos aeropuertos internacionales, uno al oeste, en Hóngqiáo, y otro más grande al este, en Pǔdōng. Ambos están bien conectados con la ciudad.

Del aeropuerto al centro

En metro

Es una forma rápida y fácil de llegar a Shanghái. La línea 2 conecta el aeropuerto internacional de Pǔdōng con el centro. Se tarda unos 45 min hasta la plaza del Pueblo. El aeropuerto internacional de Hóngqiáo está conectado por las líneas 10 y 2 (esta última solo desde la terminal 2). Llega a la plaza del Pueblo en 30 min aprox. La línea 2 conecta ambos aeropuertos; se tarda 90 min y cuesta unos 30 ¥.

En taxi

Siempre hay taxis esperando en ambos aeropuertos. Los taxistas no hablan inglés; hay que decirles la dirección en chino, aunque sea básico, o llevarla escrita en chino. Ir del aeropuerto de Pǔdōng al Bund cuesta 180 ¥ aprox. y se tarda 1 h. Desde Hóngqiáo se llega al Bund en 45 min y cuesta 100 ¥ aprox.

En tren Maglev

El Maglev es una nueva opción para llegar del aeropuerto internacional de Pǔdōng a la estación de metro de Longyang Road. Alcanza los 300 km/h y cuesta 50 ¥. No es que sea muy práctico (solo hace una parada en las afueras de Pǔdōng), pero sí muy divertido.

Otras vías de entrada

En tren

Hay estaciones de ferrocarril principales por todo Shanghái; algunas de las más concurridas son las de Shanghái Oeste, Shanghái Sur y Shanghái Hóngqiáo. El servicio ferroviario de China es fiable, pero enorme: puede resultar abrumador. Es fácil reservar billetes a destinos de todo el país con Alipay, a través de Trip.com. Las tarifas varían en función de la comodidad de la plaza (cama dura/blanda, asiento duro, sin asiento).

En barco

Algunos visitantes llegan a Shanghái por la terminal internacional de cruceros, cerca del centro; en 20 min en taxi o 15 min en metro (línea 12) se llega a la plaza del Pueblo.

Cómo desplazarse

Shanghái es una de las ciudades mejor conectadas del mundo, con un transporte público fiable y barato (metro, autobús, ferri, tren), calles muy transitables a pie, bicis de alquiler y atracciones muy accesibles. No hace falta alquilar un coche: es un proceso complicado e innecesario, y más si no se sabe leer las señales de tráfico chinas.

Metro

Shanghái tiene la mayor red de metro del mundo. Es barato (desde 3 ¥ el billete sencillo por el centro), limpio, puntualísimo y va como la seda. En hora punta hay colas y trenes abarrotados en estaciones como la de la plaza del Pueblo.

Taxi

Son baratos, fáciles de encontrar (salvo en hora punta o cuando llueve) y una forma estupenda de desplazarse. Con WeChat o Alipay se pueden pedir directamente. Por lo general los taxistas no hablan inglés, por lo que hay que decirles la dirección en chino o enseñársela escrita en caracteres chinos.

Automóvil

La versión china de Uber es DiDi, que se contrata con la aplicación oficial de DiDi o con Alipay (incorpora servicio de traducción). Ofrece traslados directos de puerta a puerta. En la *app* hay que escoger coches "exprés" y "premier", que ofrecen un muy buen servicio e interiores impolutos.

Autobús

La red de autobuses de Shanghái es enorme y los trayectos no salen

DESDE LA IZDA.: ISSARAWAT TATTONG/GETTY IMAGES ©, JOYFULL/SHUTTERSTOCK ©

'APP' ESENCIAL

La *app* Explore Shanghai Metro Map es un excelente recurso para moverse por la enorme red de metro de la ciudad; permite planificar rutas y encontrar la parada más cercana.

caros (por lo general 1 ¥/viaje). No obstante, los autobuses suelen quedarse atascados en el tráfico y es necesario saber leer los horarios en chino o descifrar las rutas con aplicaciones de traducción.

Bicicleta

Si hace buen tiempo, son excelentes para ver el centro. La antigua Concesión Francesa es ideal para las dos ruedas. Se pueden alquilar en empresas privadas (como China Cycle Tours; p. 95) o recoger en la mayoría de las calles escaneando el código QR de las Hellobike azules con Alipay, o con WeChat para otras marcas.

A pie

Shanghái es fácil de explorar a pie, pues hay aceras por doquier. Si hace buen tiempo y se visitan barrios pequeños, caminar es la mejor opción, ya que permite observarlo todo y hacer fotos con tranquilidad.

Ferri

Es la forma más pintoresca de cruzar el río Huángpǔ entre Pǔxī y Pǔdōng; operan 17 líneas de ferri y hay estaciones por todo el río. Los trayectos cuestan unos pocos yuanes, pero en algunos solo aceptan efectivo.

Transporte público

Precios

- Un billete cuesta 1-15 ¥, según la distancia y el medio de transporte.
- Un taxi vale desde 16 ¥ la bajada de bandera, y unos 5 ¥ por milla.
- Al reservar un coche se acuerda una tarifa fija; para trayectos cortos, salen por desde 9 ¥.
- Alquilar una bici en la calle cuesta desde 1,50 ¥ para 30 min.
- Las bicis privadas valen unos 300 ¥/día.
- Los ferris, en general, solo aceptan efectivo y cuestan menos de 5 ¥ por trayecto, según lugar de embarque y desembarque.

Billetes de metro

- Se venden en máquinas que funcionan con monedas, billetes y códigos QR. No suelen aceptar tarjetas de crédito internacionales.
- Los billetes físicos de un solo uso se venden en taquillas y máquinas de las estaciones.
- En los tornos, se pasa la tarjeta de transporte de un solo uso por el sensor. Al salir se introduce en la ranura, donde queda retenida.
- El transporte público suele aceptar pagos directos a través de Alipay o WeChat; para ello se escanea el código QR personal.

IMPAGO DEL BILLETE

Viajar sin billete puede suponer una multa seis veces superior al importe de este.

- En las estaciones de metro venden tarjetas del transporte público de Shanghái de varios usos, recargables.

Planificación

- En los intercambiadores las distancias son enormes; el cambio entre las líneas 9 y 1 en la estación de metro de Xujiahui es particularmente largo.
- La afluencia de pasajeros es mayor en ciertos momentos (en hora punta o si llueve mucho); puede haber tales atascos en carretera que a menudo es más rápido recorrer a pie distancias cortas.
- Si se tiene prisa, hay que planificar bien el trayecto.
- En algunas estaciones hay aseos que funcionan con monedas.

PRECIOS

Alquiler de bici
1,50 ¥/30 min

Trayecto de autobús
1 ¥

Billete de metro
3 ¥

BILLETES

Las tarjetas del transporte público de Shanghái de varios usos son muy útiles y prácticas. Sirven para autobuses, ferris, el tren Maglev, taxis y el metro. Se adquieren en estaciones de metro y se recargan con el importe que se desee.

ZONAS

El metro de Shanghái sigue un sistema tarifario basado en distancias.

Cuesta a partir de 3 ¥ para trayectos de menos de 6 km.

A partir de ahí, cuesta 1 ¥ por cada 10 km recorridos.

Otra cara de Shanghái

Shanghái es una ciudad en la que no faltan experiencias raras, maravillosas y sorprendentes.

Día de la colada

La ropa tendida en el exterior ya forma parte del paisaje de Shanghái. Hasta la Expo del 2010, se veía por toda la ciudad colada puesta a secar en tendederos de metal y postes de acero; además, se improvisaban cuerdas de tender de un lado a otro de calles y callejones con camisetas, calcetines, ropa interior y demás en un pintoresco desorden.

Preocupado por su imagen internacional, sobre todo a las puertas de la Expo de Shanghái, el Gobierno de la ciudad prohibió a los residentes tender la ropa fuera.

Sin embargo, es una práctica que aún puede verse, sobre todo en los famosos *lòngtáng* (callejones). Muchos han llegado a apreciar y aceptar que la colada forma parte del patrimonio de la ciudad tanto como sus altísimos rascacielos.

Mercados húmedos

En estos bulliciosos espacios se vende desde carne y tallarines hechos a mano hasta verduras, tofu y muchos otros productos perecederos.

Aunque cobraron mala fama durante la pandemia de la covid-19, ya que se dijo que contribuyeron a propagar la enfermedad, en Shanghái los mercados húmedos suelen estar limpios y bien mantenidos, y ofrecen una mirada única a la vida comunitaria de la ciudad. Los hay en casi todos los barrios.

'Art déco' en China

Shanghái se convirtió en una destacada capital del movimiento *art déco* a principios del s. XX. Aún se pueden admirar edificios de este icónico estilo por toda la ciudad, desde antiguos teatros y cines hasta enormes hoteles y villas escondidas, principalmente en la antigua Concesión Francesa.

Si bien a algunos de estos edificios se les atribuye una influencia europea, en realidad muchos de ellos fueron diseñados por arquitectos chinos que tras formarse en Occidente, adoptaron las peculiares características del *art déco* y las fusionaron con ciertos elementos y formas más tradicionales de la arquitectura china, como los aleros curvos y el uso de maderas locales,

Colada tendida cerca de Liaoning Rd, Hóngkǒu.

Mercado húmedo.

RICHIE CHAN/SHUTTERSTOCK ©

Auditorio de Shanghái.

PEIQI TEH/SHUTTERSTOCK ©

Mercado matrimonial de Shanghái, parque del Pueblo (p. 54).

así como sedas, lacas, motivos y estampados.

Robert Fan, un destacado arquitecto chino del s. xx, que alcanzó su apogeo en la década de 1930, firmó muchos de los edificios *art déco* más famosos de Shanghái, como el teatro Majestic, el auditorio y el edificio de la YMCA.

Miradores en las alturas

En Shanghái muchas obras de ingeniería baten récords, como la red de metro más larga del mundo, con nada menos que 830 km de vías y 508 estaciones en 20 líneas. También cuenta con el mirador más alto del mundo, en la **torre de Shanghái** (p. 128), a unos vertiginosos 561,3 m, que es, a su vez, el edificio más alto de China y el tercero del mundo.

Bajantes para ropa sucia

Mucho más pequeña, la **torre Jīnmào** (p. 122), con sus líneas *art déco,* se cuenta entre los edificios más emblemáticos de China y ostenta un récord algo más curioso: la bajante para ropa sucia más larga del mundo. Con 330 m, es tan larga como la Torre Eiffel. La ropa sucia alcanza tal velocidad que necesita un sistema para frenar su rapidísimo descenso.

Esquí

No hay que perderse la pista de esquí cubierta más grande del mundo, **Wintastar Shanghai.** Abrió sus puertas en el 2024 en un parque de nieve cubierto (con montaña nevada artificial y todo) de 90 000 m².

FUERA DE RUTA

- Pasear bajo el río Huángpǔ por el curioso y memorable **túnel panorámico del Bund** (p. 43), un trayecto de 647 m con luces LED, extraños elementos de atrezo y peculiares voces en *off.*
- Recorrer un antiguo matadero reconvertido en centro comercial: **1933** (p. 112), un espacio brutalista de una belleza sorprendente.
- Echar un vistazo a los cientos de coloridos carteles antiguos de la Revolución china en el **Museo de los Carteles Propagandísticos** (p. 97) y escoger algunos para llevar sus reproducciones a casa.
- Visitar el **parque del Pueblo** (p. 54) un fin de semana para ver a los mayores que buscan novia a sus hijos y nietos en el mercado matrimonial de Shanghái.

Explora Shanghái

Circuitos a pie

Vista de Pudong (p. 117) desde el Bund (p. 35).
LIGHTRAIN/SHUTTERSTOCK ©

Sugerencias de lugares para comer y beber en **p. 47**

Explora
El Bund

Fue aquí, en el antiguo distrito financiero de Shanghái, donde las empresas vivieron un ciclo de auge y caída en menos de un siglo. Una hilera de espléndidos edificios recuerda el antiguo puerto comercial colonial, que, en su apogeo, discurría desde Suzhou Rd hasta Jinling Rd. El Bund, de 1 km, es un lugar para pasear y asimilar la imponencia de dos rascacielos de marcado contraste: el pasado lo define Pǔxī, y el futuro, Pǔdōng. La zona ofrece fabulosas galerías de arte, cautivadores museos, y bares y restaurantes de primera, si bien la mayoría de los visitantes se dirigen al paseo junto al río para capturar una emblemática foto del impresionante horizonte de Pǔdōng.

Cómo desplazarse

Metro
Desde la estación de metro de East Nanjing Rd (líneas 2 y 10), hay 10 min a pie hasta el Bund. Al ir en metro se evita Zhongshan Rd, que recorre todo el Bund pero suele sufrir atascos.

Taxi
Se encuentran por todo el barrio o se puede pedir un vehículo en aplicaciones de viajes compartidos.

A pie
Para apreciar mejor la magnífica arquitectura e ir entrando en los edificios más bonitos, lo mejor es recorrer el barrio a pie.

LO MEJOR

PASEO Paseo del Bund (p. 36)

COMIDA DE LUJO Three on the Bund (p. 43)

NOCHE DE 'JAZZ' House of Blues & Jazz (p. 46)

DECORACIÓN IMPRESIONANTE Museo de Valores de China (p. 43)

ARTE Museo de Arte Rockbund (p. 44)

Custom House (p. 37), paseo del Bund.
SSGUY/SHUTTERSTOCK ©

★ IMPRESCINDIBLE

Paseo del Bund

El paseo del Bund (外滩, Wàitān), de 1,5 km de longitud, recorre parte del río Huángpǔ, desde Yan'an Rd hasta el puente Wàibáidù, y es la zona más visitada de Shanghái, con unas vistas espectaculares que evocan el pasado semicolonial de la ciudad como megapuerto. Imponentes fachadas neogóticas y barrocas se yuxtaponen a los altísimos rascacielos de Pǔdōng.

PLANO: P. 42 **C4**

CONSEJO
Acudir en un día despejado a primera hora de la mañana (antes de las 7.30) para ver a los lugareños practicando taichí con el horizonte de fondo, o durante la fotogénica puesta de sol.

Escanea este código QR para reservar un crucero por el río Huángpǔ.

Paseo junto al río

El Bund ofrece arte, museos, historia y fabulosos restaurantes, pero la mayoría de los visitantes solo acuden para tomar la emblemática foto. El moderno perfil de Pǔdōng se puede fotografiar desde todo el paseo, pero capturar tanto los edificios de Pǔdōng como los del Bund es complicado. Para lograrlo es mejor acudir más al sur, por ejemplo al **Char Bar** (p. 75), cerca del barrio antiguo, o a uno de los cuatro restaurantes con estrella Michelin del **Three on the Bund** (p. 44).

Los más madrugadores –antes de las 7.30– verán escenas de la vida local en las que los vecinos hacen ejercicio, bailan con abanicos, vuelan cometas y practican taichí bajo la luz del amanecer.

Edificio del Hongkong & Shanghai Bank

En el nº 12 está el que se considera uno de los edificios más llamativos del Bund, que parece más un palacio que un banco: el **edificio del Hong Kong & Shanghai Bank** (汇丰大厦; edificio del HSBC) ocupa casi 25 000 m² en seis plantas y cuenta con llamativas columnas, una cúpula y una aguja.

Esta obra maestra neoclásica se construyó en 1923 y fue la sede del Hong Kong & Shanghai Bank (HSBC) hasta 1955, aunque el Yokohama Specie Bank japonés lo ocupó brevemente durante la

TONY SHI PHOTOGRAPHY/GETTY IMAGES ©

II Guerra Mundial. El HSBC volvió a instalarse en él al final de la guerra, pero acabó cediendo sus oficinas al Gobierno comunista durante la nacionalización de China. Hoy lo ocupa el Shanghai Pudong Development Bank y aún conserva muestras de su antigua grandeza, como un magnífico mosaico en el techo de la entrada que muestra ocho ciudades con sucursales del HSBC, 16 personajes mitológicos griegos y los signos del zodiaco.

Custom House

El del nº 13, **Custom House** (自订的房子, Zì Dìng De Fángzi), es uno de los edificios más importantes del Bund: cuando el puerto de Shanghái estaba en su apogeo, todas las importaciones y exportaciones pasaban por aquí. Edificado en 1857 y reconstruido en 1927, presenta una magnífica fachada de columnas coronada por una torre de reloj inspirada en el Big Ben de Londres: sus

UNA PAUSA
Si el presupuesto es ajustado, en **Shanghai Grandmother** (上海姥姥, Shànghǎi Lǎolao) sirven sabrosos platos chinos caseros como berenjena estofada, pato crujiente y cerdo estofado en un comedor tipo cantina junto al Bund.

SIR VICTOR SASSOON

El magnate de los negocios y promotor inmobiliario Victor Sassoon trasladó su fortuna de la India a Shanghái en los años veinte, y fue su principal promotor inmobiliario, con casi 2000 propiedades.

cuatro esferas miden 5,3 m de ancho cada una. Durante la Revolución Cultural, la campana se sustituyó por altavoces que emitían eslóganes comunistas y canciones revolucionarias, como "El Oriente es rojo". Dentro pueden admirarse cornisas y techos ornamentados.

Bank of China

En el nº 23 es imposible pasar por alto el **Bank of China** (中国银行, Zhōngguó Yínháng), custodiado por dos magníficos leones de piedra. Fundado en 1897, el banco trasladó su sede desde Pekín en la década de 1920 para aprovechar el floreciente comercio portuario de Shanghái. Si bien ya no es la sede, el Bank of China lleva aquí desde 1923. En 1935, se planeó una reconstrucción para convertir el edificio en un Goliat de *art déco* de 34 plantas, pero se opuso Victor Sassoon, propieta-

rio del vecino Cathay Hotel. Finalmente, el edificio solo alcanzó 33 plantas.

Fairmont Peace Hotel

Junto al edificio del Bank of China (aunque se entra por el 20 de East Nanjing Rd), el renovado **Fairmont Peace Hotel** (费尔蒙和平饭店, Fèi'ěrméng Hépíng Fàndiàn; antes Cathay Hotel), con su característico tejado verde –otrora el ático del hotelero y propietario Victor Sassoon–, es el paradigma del *art déco* del Shanghái de 1930.

Fue uno de los primeros rascacielos de Asia, con una altura de 83 m aguja incluida, y en él se han alojado dignatarios y famosos, como Sun Yatsen, Charlie Chaplin y el dramaturgo Noël Coward, que escribió aquí su comedia *Vidas privadas*. Se restauró en el 2010 para devolverle su antiguo esplendor y se mantuvieron elementos como el gran vestíbulo y el ascensor original, la claraboya con vidrieras, las escaleras, las molduras de hierro fundido y antigüedades varias. Un pequeño museo muestra fascinantes objetos y fotos del hotel y sus ilustres huéspedes. No hay que irse sin probar el té de la tarde o disfrutar de un cóctel y de *jazz* en el legendario bar.

Antigua sede de la compañía de tráfico de opio

El nº 27 del Bund, que alberga hoy el House of Roosevelt y su exclusivísimo club privado, fue en su día sede de **Jardine, Matheson & Co.** (怡和洋行, Yí Hé Yánghàng), una empresa que traficaba con opio desde la India hasta el puerto de Shanghái, ambos controlados por los británicos. También comerciaba con té y seda, y fue la primera empresa extranjera que construyó un edificio en el Bund (en 1851). Llegó a ser una de las firmas más poderosas de Hong Kong y Shanghái, y hoy figura en la lista Fortune Global 500, con filiales como el grupo hotelero Mandarin Oriental.

YUANMING-YUAN ROAD

Esta calle, adoquinada y peatonal, una manzana por detrás del extremo norte del Bund, ofrece una elegante mezcla de arquitectura colonial británica. Cafés, restaurantes y *boutiques* de lujo se ubican en elegantes casas del s. XX. En el nº 97 está el ornamentado bloque de Panama Legation, el edificio *art déco* de la YWCA en el nº 133, y el de la Sociedad China de Publicaciones Baptistas en el nº 209.

CIRCUITO A PIE

El norte del Bund

El norte de la arteria principal del Bund es más tranquilo, alejado de las hordas de turistas, pero igual de fascinante, con fachadas neogóticas, edificios de espléndida decoración interior y una perspectiva diferente del Bund. Aquí se construyó el primer parque público de China y es un lugar estupendo para desconectar.

INICIO	FINAL	DURACIÓN
Broadway Mansions	Museo Postal de Shanghái	1,7 km; 1-2 h

1 Evocar a Orwell

Se empieza en las orwellianas **Broadway Mansions** (上海大厦, Shànghǎi Dàshà), de 1934. Este edificio se asemeja al Ministerio de la Verdad del *1984* de Orwell. Fue construido como bloque de apartamentos y alojó a oficiales de EE UU tras la II Guerra Mundial.

2 Edificio opulento

Más al oeste por Huangpu Rd está el antiguo Astor House Hotel, el más opulento hasta que llegó el Cathay Hotel de Victor Sassoon. Hoy alberga el **Museo de Valores de China,** extraña fusión de pomposos salones y exposiciones comunistas sobre la seguridad del Estado.

3 Puente panorámico

Se cruza el río Sūzhōu por el **puente Wàibáidù** (外白渡桥, Wàibáidù Qiáo). Erigido en madera en 1856, fue el primer puente de acero de China al ser reconstruido en 1906 y sigue siendo un ejemplo de buena ingeniería, reflejo de la China moderna e industrial. Antes, la única forma de cruzar el río era en transbordador. En 1994, fue declarado Patrimonio Arquitectónico.

4 Primer parque público de China

Se llega al **parque de Huángpǔ** (黄浦公园, Huángpǔ Gōngyuán), primer parque público del país, trazado en 1886. Sin embargo, no era tan "público" como parecía, pues un cartel en el exterior rezaba: "Prohibido a perros y chinos". Hoy es un lugar acogedor, con césped y un monumento de 24 m que conmemora a los que lucharon por la China socialista.

5 Calle histórica

Al este por Nansuzhou Rd, pasando por el antiguo Club de Remo de Shanghái y la iglesia de la Unión, se llega a la adoquinada y peatonal **Yuanmingyuan Rd,** cuyos edificios históricos albergan cafés, tiendas y restaurantes. Muchos datan de 1932, como los Yuanmingyuan Apartments en el nº 115, el edificio *art déco* de la YWCA en el nº 133, y el de la Sociedad China de Publicaciones Baptistas, con aires de Gotham, en el nº 209.

6 Arte espléndido

Al final de Yuanmingyuan Rd se gira a la derecha hacia East Beijing Rd y a la derecha otra vez por Huqiu Rd hasta el edificio de la Real Sociedad Asiática, de 1933, que albergó el primer museo de Shanghái. Hoy es sede del el magnífico **Museo de Arte Rockbund,** que exhibe arte chino e internacional.

7 Historia en la China imperial

Siguiendo hacia el norte por Huqiu Rd hasta el río Sūzhōu y cruzando el puente Sichuan Lu se llega al **Museo Postal de Shanghái,** situado en un gran edificio neoclásico que fue la principal oficina de correos de la ciudad. Las exposiciones narran la fascinante historia del transporte de mercancías en China a lo largo de los siglos.

A
B
C
D
1
2
3
4
5
6
Museo Postal de Shanghái
7
Tiantong Rd
天潼路
Wusong Rd
吴淞路
Museo de la Seguridad China
1
N Suzhou Rd
苏州北路
Huangpu Rd
黄浦路
Río Sūzhōu (o Wusong)
S Suzhou Rd
南苏州路
Puente Wàibáidù (puente del Jardín)
Middle Jiangxi Rd
Middle Sichuan Rd
Huqiu Rd
Yuanmingyuan Rd
圆明园路
Museo de Arte Rockbund
4
江西中路
四川中路
E Zhongshan No 1 Rd
中山东一路
15
Parque de Huángpǔ
E Beijing Rd
北京东路
10
Túnel panorámico del Bund
2
Túnel panorámico del Bund
Ningbo Rd
宁波路
Dianchi Rd
滇池路
EL BUND
12
13
Centro de información
6
y servicios turísticos
Paseo del Bund
Middle Henan Rd
河南中路
E Nanjing Rd
南京东路
East Nanjing Rd
南京东路站
Middle Sichuan Rd
Middle Jiangxi Rd
Middle Shandong Rd
Jiujiang Rd
九江路
Río Huángpǔ
Hankou Rd
汉口路
House of Blues & Jazz
8
11
Fuzhou Rd
福州路
14
山东中路
Three on the Bund
3
9
Long Bar
Sichuan Rd
Guangdong Rd
广东路
Túnel de East Yan'an Rd
Huangpu River Cruise
5
E Yan'an Rd
延安东路
E Zhongshan No 2 Rd
中山东二路
E Jinling Rd
金陵东路
Más información
Imprescindible p. 36
Experiencias p. 43
Comer p. 47
Beber p. 47
N
0
400 m

Explorar el antiguo Astor House Hotel
ARQUITECTURA

PLANO: 1 P. 42 C1

El algo soso **Museo de Valores de China** (中国证券博物馆, Zhōngguó Zhèngquàn Bówùguǎn) gira en torno a los sectores bancario y de seguros del país. Pero, a menos que se sea un fanático de las finanzas, aquí se viene por la decoración más que por la temática.

El verdadero encanto radica en el edificio que alberga el museo, el que fuera el espectacular Astor House Hotel, construido en 1846 y considerado el hotel más antiguo de China, con huéspedes como Charlie Chaplin, Albert Einstein y Bertrand Russell. Se conserva buena parte de la espléndida decoración: techos altos, lámparas de araña o balcones interiores, además de un enorme techo de cristal y el suelo de baldosas original, sin olvidar el mobiliario victoriano de época.

El elegante salón Richards, con detalles dorados y vidrieras, fue el primer lugar de Shanghái en el que se celebraron bailes de salón, y el alcalde de la ciudad, Zhu Rongji, acogió aquí la inauguración de la Bolsa de Shanghái en 1990.

Viaje bajo el río Huángpǔ
TÚNEL

PLANO: 2 P. 42 C3

El **túnel panorámico del Bund** (外滩观光隧道, Wàitān Guānguāng Suìdào), que conecta el Bund y Pǔdōng a través de un paso subterráneo de 647 m, es una de las experiencias más *kitsch*, divertidas y curiosas de Shanghái.

El vagón eléctrico –solo para peatones– hace el psicodélico trayecto de 5 min bajo el río Huángpǔ a través de un túnel iluminado con luces caleidoscópicas mientras suena una banda sonora inquietante y llena de suspense.

"Magnum", dice un narrador mientras el vagón atraviesa lentamente unas proyecciones rojo lava.

"Paraíso e infierno", ríe una voz en *off* cuando el vagón cruza unos LED arcoíris.

Aunque los pasajeros llegan en un estado algo alterado, es una forma muy práctica, aunque más cara, de cruzar el río hasta Lujiazui, en Pǔdōng. Salen cada 15 min aprox.

Esta experiencia no se recomienda para niños pequeños que se asusten con facilidad.

Cena de categoría en el Three on the Bund
RESTAURANTES DE LUJO

PLANO: 3 P. 42 C5

Si un día apetece comer por todo lo alto en Shanghái, que sea en el **Three on the Bund** (外滩三号, Wàitān Sān Hào), con varios restaurantes con estrella Michelin. El restaurante francoasiático Jean Georges (p. 47) tiene al frente al chef francés y superestrella Jean-Georges Vongerichten, mientras que **Canton Table** (三号黄

UN CRUCERO POR EL RÍO

Una de las mejores perspectivas de los edificios neoclásicos del Bund se obtiene desde un barco. Se puede tomar el **crucero por el río Huángpǔ** (黄浦江游览, Huángpǔ Jiāng Yóulǎn; PLANO: 5 P. 42 **D6**), de 45-60 min, que sale de los muelles del extremo sur del Bund (219-239 East Zhongshan No 2 Rd, 中山东二路).

Los billetes se venden en los puntos de salida o en el **centro de información y servicios turísticos** (旅游咨询服务中心, Lǚyóu Zīxún Fúwù Zhōngxīn; PLANO: 6 P. 42 **C3**), al final del paseo del Bund. Horarios variables.

También se puede tomar un ferri de cercanías, que ofrece las mismas vistas por unos pocos yuanes. Sale del 127 de East Zhongshan No. 2 Rd. Pasa cada 15 min entre las 7.00 y las 22.00 y se paga al subir al ferri.

浦会 Sānhào Huángpǔ Huì; VÉASE PLANO: 3 P. 42 **C5**) sirve *dim sum* en un comedor chino decorado con gusto.

El europeo **Pop on the Bund** (VÉASE PLANO: 3 P. 42 **C5**) ocupa la 7ª planta y atrae a un público más joven con una decoración *retro* estilo Miami Beach, estupendos cócteles y vistas del perfil urbano de Pǔdōng. Al lado, quienes quieran impresionar a su cita pueden reservar la **Cupola,** una íntima y discreta mesa privada para dos dentro de la antigua cúpula del edificio, con servicio privado. Jean-Georges Vongerichten también dirige el genial restaurante italiano **Mercato** (p. 47). En todos ellos, lo mejor es reservar un par de días antes.

Ver arte asiático contemporáneo en la Galería de Arte de Shanghái

MUSEO DE ARTE

VÉASE PLANO: 3 P. 42 **C5**

Situada en el Three on the Bund, la **Galería de Arte de Shanghái** (外滩三号沪申画廊, Wàitān Sānhào Hùshēn Huàláng) es uno de los espacios más destacados de la ciudad para ver obras modernas y conceptuales de artistas asiáticos, como Liu Wei, Zhang Peili, Zhang Xiaogang, Wang Guangyi, Chunya Zhou y Fang Lijun.

Las exposiciones se organizan en un espacio minimalista, luminoso y de techos altos. La galería acoge de vez en cuando a artistas internacionales como Anish Kapoor, y a arquitectos y firmas de arquitectura como Kengo Kuma y MVRDV. Lo ideal es acompañar la visita con una deliciosa comida en uno de los restaurantes con estrella Michelin.

Arte de primera en el Rockbund

MUSEO DE ARTE

PLANO: 4 P. 42 **B2**

En un edificio casi centenario que albergó el primer museo de Shanghái (en 1932), el **Museo de Arte**

GAID KORNSILAPA/SHUTTERSTOCK ©

Crucero por el río Huángpǔ.

Rockbund (RAM, 上海外滩美术馆, Shànghǎi Wàitān Měishùguǎn) muestra una cuidada selección de obras, ideales para un día de lluvia.

Tras las llamativas ventanas *bāguà* (trigrama) *art déco* de ocho lados hay un híbrido de diseño occidental moderno y chino tradicional. Una terraza exterior en la azotea ofrece vistas parciales de Pǔdōng.

No hay exposiciones permanentes, por lo que cada visita es diferente. Uno puede apuntarse a la cuenta del Rockbund en WeChat antes de la visita para ver qué se cuece: podría ser desde retratos clásicos y talleres de ilustración infantil hasta festivales de *podcast,* charlas culturales y exposiciones de moda.

Conocer la historia del correo de la China imperial MUSEO

PLANO: 7 P. 42 **A1**

Hay que adentrarse en este grandioso edificio de 1924, coronado por una cúpula y una torre con reloj, para explorar el antiguo edificio de la oficina general de correos de Shanghái, hoy **Museo Postal de Shanghái** (上海邮政博物馆, Shànghǎi Yóuzhèng Bówùguǎn 250 North Suzhou Rd, 北苏州北路); hay un antiguo vagón de tren para transportar el correo, dos viejas furgonetas de correos y un simulacro de sala de correos de la dinastía Qing. Una maravilla de escalera doble dorada conduce a los mostradores originales de hierro forjado y a una amplia colección de sellos postales desde 1888 a la década de 1970.

El museo explica que China era experta en correspondencia antigua, pues mantuvo viva la comunicación desde los tiempos de la dinastía Shang en el 1600 a.C. En el s. XIII, el explorador veneciano Marco Polo estimó que había 10 000 estaciones postales en toda China.

'Jazz' en directo MÚSICA

Shanghái tiene una gran tradición jazzística. En las décadas de 1920 y 1930, gracias a los asentamientos internacionales de la ciudad, con enclaves británicos, estadounidenses y franceses, el *jazz* cobró protagonismo, mezclando los metales del *jazz* estadounidense con melodías folclóricas chinas. En la ciudad abundan los bares de *jazz,* un estilo que se ha convertido en un legado perdurable de la historia semicolonial de la ciudad. Los bares de la zona del Bund tienen un ambiente especial.

La **House of Blues & Jazz** (布鲁斯乐爵士之屋, Bùlǔsī Yuè Juéshì Zhīwū; PLANO: 8 P. 42 **C5**) es excepcional. Parece una sala de *jazz* del viejo mundo y sirve un estupendo *dirty martini;* el programa a veces incluye artistas legendarios. El histórico **Long Bar** (廊吧, Láng Bā; PLANO: 9 P. 42 **C5**), que en su día formó parte del club privado más exclusivo de Asia, se ha recreado minuciosamente en el Waldorf Astoria. No solo tiene una de las barras más largas del mundo (de 34 m), sino también una de las cartas de cócteles más extensas, además de *jazz* en directo algunas noches.

Lo mejor para...

Localizaciones en el plano de la **p. 42**

¥ Económico ¥¥ Medio ¥¥¥ Alto

Comer

Económico en el Bund

Thai Food Show (泰国美食展, Tàiguó Měishí Zhǎn) ¥

10 B3

Pese a la elegante decoración en un salón de estilo *art déco*, es un lugar muy asequible que sirve clásicos tailandeses como curri verde, ensalada de papaya y pollo frito con albahaca. *11.00-21.00*

Cocina19 ¥

11 C5

Tapas españolas a tiro de piedra del Bund. No faltan patatas bravas, tortillas, gambas al ajillo o paella. *11.00-2.00*

Una cita

Jean Georges (法国餐厅, Fǎguó Cāntīng) ¥¥¥

véase 3 C5

Platos clásicos de fusión franco-asiática en un espacio moderno y elegante, con vistas del perfil de Pǔdōng. *11.30-14.30 y 18.00-22.30*

Mercato (市场, Shìchǎng) ¥¥¥

véase 3 C5

También dirigido por el superchef Jean Georges, sirven platos italianos reconfortantes y bien elaborados y *pizza* a la leña en un ambiente entre industrial y chic. *12.00-15.00 sa y do, 17.30-23.00 lu-do*

Dragon Phoenix (龙凤厅, Lóngfèng Tīng) ¥¥¥

12 C3

En el Fairmont Peace Hotel, cocina china en su máximo esplendor, en una sala con muebles en rojo y dorado. *11.30-14.00, 17.30-22.00*

Té de la tarde

Salon De Ville (浦江汇, Pǔjiāng Huì) ¥¥¥

véase 9 C5

Bandejas de pasteles y sándwiches en un entorno lujoso al son de música de arpa; en el Waldorf Astoria. *11.00-20.00*

Victor's (维克多西饼屋, Wéikèduō Xībǐng Wū) ¥¥

13 C3

Elaborados pasteles en un local *art déco* en el Fairmont Peace Hotel; se entra por East Nanjing Rd. *10.00-22.00*

Beber

Vistas

Captain's Bar (船长青年酒吧, Chuánzhǎng Qīngnián Jiǔbā)

14 C5

Algo más asequible que los bares de los hoteles de cinco estrellas de la zona, con las vistas de ciencia ficción de Pǔdōng. *17.00-hasta tarde*

Sir Elly's Terrace (艾利爵士露台, Àilì Juéshì Lùtái)

15 C2

Magníficos cócteles servidos en una lujosa terraza con vistas del horizonte de Pǔdōng, el río Sūzhōu y el Bund. *18.00-24.00 do-ju, 18.00-1.00 vi y sa*

Sugerencias de lugares para comer, beber y comprar en **p. 61**

Explora
La plaza del Pueblo

La plaza del Pueblo (人民广场; Rénmín Guǎngchǎng) es un punto de encuentro emblemático de Shanghái. Menos austera que la de Tiananmen en Pekín, cuenta con excelentes museos y galerías de arte y una arquitectura impresionante, con preciosas estructuras *art déco* entre enormes rascacielos. Un amplio espacio verde en el centro ofrece frondosos paseos y un respiro de la ajetreada e interminable metrópoli, y el lugar bulle con vida local, desde sesiones de bailes de salón y músicos callejeros hasta un mercado para concertar matrimonios. Su antítesis es la famosa calle peatonal East Nanjing Rd, que de noche se convierte en un bosque fluorescente de vallas publicitarias de neón.

Cómo desplazarse

Metro
A la estación People's Square llegan las líneas 1, 2 y 8 de metro, por ella pasan más de 500 000 personas cada día y tiene unas 20 entradas y salidas.

Taxi
Los taxis se pueden parar en las calles que circunvalan el parque o reservarse a través de una aplicación.

A pie
La mejor forma de moverse por esta zona tan congestionada suele ser a pie, pues ni en el interior del parque ni en East Nanjing Rd se permiten bicis ni coches.

El Gran Teatro de Shanghái (p. 59) visto desde la plaza del Pueblo.

LO MEJOR

LUGAR Parque del Pueblo (p. 54)

MUSEO Museo Histórico de Shanghái (p. 51)

DE NOCHE East Nanjing Rd (p. 57)

ARTE Museo de Shanghái (p. 58)

OCIO Gran Teatro de Shanghái (p. 59)

A
B
C
D
1
2
3
4
5
6
0
400 m
Más información
Imprescindible p. 51
Experiencias p. 58
Comer p. 61
Beber p. 61
Comprar p. 61
9 Xibo
Río Sūzhōu (o Wusong)
HUÁNGPŬ
16
11
18 Madame
1 Tussauds
14
15
People's Square
人民广场站
People's Square
人民广场站
19
Authentic
Xinjiang
Lamb
Skewers 7
Plaza
del Pueblo
Parque
del Pueblo
4 Teatro
Yìfū
Museo
Histórico
de Shanghái
13
17
12
5
Sala de Exposiciones
del Plan Urbanístico
de Shanghái
8
Guan
Guan Ji
10
Gran
Teatro de
Shanghái
6
Plaza
del Pueblo
Lounge by 2
Topgolf
Parque
de Sanjiao
Museo de
Shanghái 3
Qufu Rd 天潼路
Tiantong Rd 天潼路
N Zhejiang Rd 浙江北路
Jiujiang Rd 九江路
N Suzhou Rd 苏州北路
S Suzhou Rd 南苏州路
Guangfu Rd 光复路
Xiamen Rd 厦门路
Middle Xizang Rd 西藏中路
Xinzha Rd 新闸路
E Beijing Rd 北京东路
Ningbo Rd 宁波路
Middle Fujian Rd 福建中路
S Shanxi Rd 山西南路
Tianjin Rd 天津路
Huanghe Rd 黄河路
W Beijing Rd 北京西路
Guizhou Rd 贵州路
N Guangxi Rd 广西北路
Middle Zhejiang Rd
E Nanjing Rd 南京东路
Fengyang Rd 凤阳路
W Nanjing Rd 南京西路
Hubei Rd 湖北路
Hankou Rd 汉口路
Xinchang Rd
Fuzhou Rd 福州路
Guangdong Rd 广东路
Hubei Rd 湖北路
N Huangpi Rd 黄陂北路
E Yan'an Rd 延安东路
Renmin Ave 人民大道
S Yunnan Rd 云南南路
E Ninghai Rd 宁海东路
S Xizang Rd 西藏南路
Wusheng Rd 武胜路
Dagu Rd
Pu'an Rd
Middle Jinling Rd 金陵中路
E Huaihai Rd 淮海东路

★ IMPRESCINDIBLE

Museo Histórico de Shanghái

El Museo Histórico de Shanghái (上海市历史博物馆, Shànghǎi Shì Lìshǐ Bówùguǎn), gratuito y muy ilustrativo, profundiza en la historia de la ciudad a través de hallazgos arqueológicos, exposiciones digitales y recreaciones de la antigua Shanghái. También muestra su evolución política, social, económica y cultural desde el año 4000 a.C. hasta la fundación de la República Popular China en 1949.

Exposiciones especiales

La gran zona del vestíbulo suele acoger exposiciones temporales, pero lo que nunca cambia son las dos esculturas de leones de piedra, llamados Stephen y Stitt, de 1923. Se encargaron en su día para el edificio del HSBC en el Bund, pero los custodia el museo desde 1966.

En la sala al fondo del vestíbulo hay una silla de manos de casi 3 m de altura tallada en madera. Pintada en oro y acabada hasta el más mínimo detalle, con motivos ornamentales y diminutos caracteres, fue diseñada para una boda en 1936 por un fabricante de sillas de Wuhua. Pesa tanto que se necesitan ocho personas para levantarla.

La Shanghái antigua

La 2ª planta repasa los 6000 años de historia de la zona, desde la Prehistoria, cuando Shanghái no era más que ríos, mares y pantanos aquí y allá. Las exposiciones profundizan en las diferentes culturas locales –majiabang, songs, liangzhu y qianshanyang– y relatan cómo los primeros habitantes supieron desenvolverse hábilmente entre tierra y agua para hacer de Shanghái

PLANO P. 50 **A5**

CONSEJO
Reservar con antelación en el popular restaurante del museo, **Roof 325** (p. 61). El almuerzo es una ganga, 138 ¥ por entrante y plato principal, pero hay pocas mesas.

Escanea este código QR para consultar los horarios e información de la exposición.

Museo de Shanghái

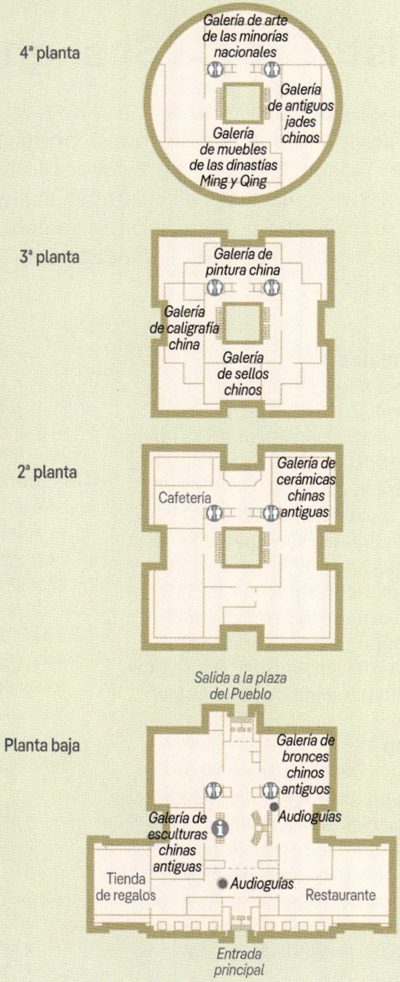

la próspera ciudad y centro comercial que es hoy. Se exhibe un hueso de ballena, conchas, vasijas y herramientas usadas por las antiguas civilizaciones. También hay una réplica del cráneo de los primeros restos humanos hallados en la zona: un varón de entre 25 y 30 años, datado entre el 5000 y el 4000 a.C. Se excavaron en el distrito de Qīngpǔ.

La Shanghái moderna

Las plantas 3ª y 4ª relatan la influencia colonial del s. XIX en Shanghái, cuando las concesiones británica, francesa y estadounidense dieron forma a la ciudad, y cómo el opio se utilizó como una forma de control que diezmó la población de la ciudad, hasta que las Guerras del Opio forzaron a Shanghái a abrir su puerto y convertirse en una metrópoli moderna.

Entre las exposiciones se cuenta una llamada el *Sonido de la historia,* sobre la década de 1930, cuando el *art déco* y el *jazz* le dieron un toque de elegancia a la ciudad y atrajeron a famosos. Hay puestos de escucha y fotos antiguas, además de viejos relojes de bolsillo, maquetas de trolebuses y maquinaria textil y de imprenta llegada de Occidente. Fue esta imprenta la que más tarde ayudó a la campaña comunista, tras la Guerra Sino-japonesa durante la II Guerra Mundial.

UNA PAUSA
No hay que perderse el **Roof 325,** en la 5ª planta, un restaurante de categoría con vistas impresionantes que sirve té de la tarde, ensaladas, pasta y filetes (como un chuletón de 30 días de maduración por 1988 ¥).

★ IMPRESCINDIBLE

Parque del Pueblo

El enorme parque del Pueblo (人民公园, Rénmín Gōngyuán) es un pulmón verde de 98 200 m² en pleno centro de Shanghái. Rodeado de altísimos rascacielos, ofrece un remanso de paz ante la vida de la gran ciudad y paseos por pintorescos jardines. Ideal para observar la cotidianidad de los lugareños.

PLANO: P. 50 **B4**

CONSEJO
La estación de metro de People's Square es una de las más transitadas de China, con más de medio millón de personas al día. Tiene 20 salidas: hay que planificar bien la ruta.

Escanea este código QR para consultar el programa del Museo de Arte Contemporáneo.

Jardines y arquitectura

Parte del parque fue en su día un hipódromo que construyeron los británicos en 1862. El edificio original del Shànghǎi Race Club, construido en 1932 en estilo *art déco*, se alza en el lado oeste del parque y hoy alberga el ilustrativo **Museo Histórico de Shanghái** (p. 51). En 1952, el paisajista Cheng Shifu convirtió la pista de carreras en un parque, y es un lugar estupendo para ver a los vecinos practicando bailes de salón, tocando instrumentos (los mejores atraen multitudes), haciendo taichí y jugando al *mahjong*.

Entre sus frondosos parajes destacan la cascada Xishan (un jardín de rocas clásico que mana si llueve), el lago Bicui y el estanque Lotus (con carpas y nenúfares), el jardín Baihua (con plantas de temporada) y un parque de atracciones (con un tiovivo).

Mercado matrimonial

Los sábados, entre las 8.00 y las 16.00, llueva o salga el sol, cientos de padres y abuelos participan en el **mercado matrimonial** (婚婚姻市場; Hūnyīn Shìcháng). Exhiben carteles sobre sus hijos (edad, altura, estudios, trabajo, intereses, incluso el salario) y conocen a otros padres, examinan los carteles y conciertan citas con pretendientes. Este fenómeno lleva más de dos décadas organizándose

FIIPHOTO/SHUTTERSTOCK ©

y los lugareños afirman que su índice de éxito es sorprendentemente alto.

Los visitantes pueden pasear por el mercado, ver los carteles y hacer preguntas respetuosamente. Desde hace unos años, también las personas mayores buscan pareja. Hay que pedir permiso siempre antes de hacer fotos.

MoCA

El **Museo de Arte Contemporáneo de Shanghái** (上海当代艺术馆, Shànghǎi Dāngdài Yìshùguǎn) se encuentra en el parque y en él han expuesto artistas internacionales, desde la reina de los lunares Yayoi Kusama hasta la escultora satírica postfeminista china Xiang Jing. Muchos artistas aprecian la luz natural del MoCA, que se cuela por la estructura de cristal si el día está despejado. No hay exposiciones permanentes; se debe consultar el sitio web o WeChat para conocer el programa. En el restaurante de la 3ª planta, se celebran eventos y sirven buenos platos neomediterráneos en su terraza exterior, con vistas panorámicas del parque.

UNA PAUSA

El **Barbarossa,** de temática árabe y cúpula dorada, es un clásico de la plaza del Pueblo. Se encuentra junto al lago Bicui y tiene buenos cócteles, además de *shisha.*

CIRCUITO A PIE

Visitar la plaza del Pueblo

Este paseo cruza el bullicioso corazón de Shanghái ante las vistas más emblemáticas de la ciudad. Empieza junto al extenso parque rodeado de arquitectura icónica, continúa por la calle peatonal más famosa de China y culmina de manera impactante: las vistas del moderno horizonte de Pǔdōng al otro lado del río Huángpǔ.

INICIO	FINAL	DURACIÓN
Museo Histórico de Shanghái	Fairmont Peace Hotel	2 km; 1-2 h

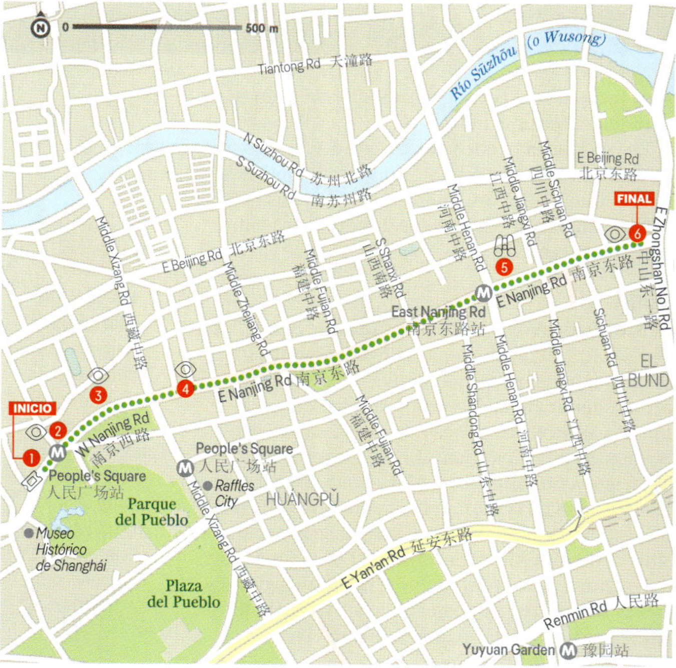

1 Arquitectura histórica

Se empieza en el **Museo Histórico de Shanghái,** sito en el edificio del Shànghǎi Race Club, con su torre del reloj de 10 plantas. Se sigue en dirección norte hacia el Grand Cinema, muy de moda en los años treinta, con dispositivos de traducción y frecuentado por la élite del mundo del cine. Aún proyecta películas (la mayoría en chino).

2 Interiores 'art déco'

Se sigue hasta el neogótico **Park Hotel** (国际饭店, Guójì Fàndiàn), diseñado por el arquitecto húngaro-eslovaco Ladislav Hudec. Dentro pueden verse interiores *art déco* de estilo original, cuando era el edificio de la Sociedad de Ahorro Conjunta de Shanghái. Hay que seguir hacia el norte y este del parque, ante los rascacielos.

3 Rascacielos modernos

Es imposible pasar por alto el platillo volante sobre el **Radisson Blu New World Hotel, Shanghái** (上海巴黎春天新世界酒店, Shànghǎi Bālíchūntiān Xīnshìjiè Jiǔdiàn). También destaca el Shimao International Plaza, de 60 plantas y agujas en forma de horca, y megacentros comerciales como el New World Plaza o el Raffles City, de 49 plantas. Se bordea la zona norte del parque del Pueblo y se cruza Xizang Rd hasta East Nanjing Rd.

4 La calle más famosa

Es una de las calles más transitadas de China, toda ella peatonal. En su día fue el corazón de la ciudad; aquí abrieron los primeros grandes almacenes del país en la década de 1920. Obsérvese la arquitectura antigua por encima de los modernos escaparates. Hoy, en **East Nanjing Rd** se alinean sobre todo locales de las principales marcas (Vans, Sephora, Nike...). De noche, las vallas publicitarias son un bosque resplandeciente de neones. Se continúa hacia el este.

5 Perfil de Pǔdōng

Al final de East Nanjing, aparece la imagen más repetida en los folletos de Shanghái. Las impresionantes vistas del **perfil urbano de Pǔdōng** quedan perfectamente enmarcadas entre los edificios del paseo peatonal. La gente se para en seco a fotografiar esta cautivadora escena. Tras la pertinente foto, se continúa recto.

6 Hotel emblemático

El **Fairmont Peace Hotel** (费尔蒙和平饭店, Fèi'ěrméng Hépíng Fàndiàn), antiguo Cathay Hotel, es uno de los edificios más emblemáticos de la ciudad, restaurado en el 2010 para devolverle su antiguo esplendor. Cuenta con varios bares y cafés de categoría. Si se visita por la noche, hay que ir al bar de *jazz* para escuchar su excelente banda (desde 19.00). De día, hay que pasarse por la Galería de la Paz, con objetos y fotos de las personalidades que frecuentaron el hotel en sus días de gloria.

EXPERIENCIAS

Un selfi en el Madame Tussauds

MUSEO DE CERA

PLANO: 1 P. 50 **B4**

El legado de la artista de la cera Marie Tussaud (1761-1850) perdura casi 250 años después de que creara su primera figura. Hoy es un equipo de artistas el que reproduce con asombrosa precisión a personajes ilustres, pero la idea es la misma: modelar a nuestros héroes (o antihéroes) a partir de sus marcos, estaturas y rasgos exactos.

En la 10ª planta del centro comercial New World Plaza, el **Madame Tussauds** (上海杜莎夫人蜡像馆, Shànghǎi Dùshā Fūrén Làxiàngguǎn) exhibe a Brad Pitt, Kate Winslet, Tom Cruise y Nicole Kidman, además de las estrellas chinas Sun Li, Yao Chen y Jackie Chan. Anthony Hopkins está entre rejas como Hannibal Lecter, y Arnold Schwarzenegger va en moto y vestido de Terminator; el vestido blanco de Marilyn Monroe ondea al viento y Yao Ming, con sus 2,29 m de altura, tira a canasta. Hay una diminuta figura de la reina Isabel II y otra de Donald Trump mirando el móvil.

Jugar en el Lounge by Topgolf

BAR DE DEPORTES

PLANO: 2 P. 50 **A5**

Ratos de diversión en el **Lounge by Topgolf** (Lounge by Tuò Gāo Lè, 拓高乐), un bar-restaurante con simulador digital de golf que ofrece juegos en sus Swing Suites, además de un minigolf de 10 hoyos y billar en una zona privada.

El menú supera al típico de bar deportivo. Hay aperitivos de inspiración asiática como orejas de cerdo crujientes y chicharrones, pollo *gado-gado* indonesio (ensalada con verduras y salsa de cacahuetes), panes turcos, ojo de bife uruguayo y otros platos internacionales.

Los cubiertos se sirven en minibolsas de golf, y los excelentes cócteles sin duda ayudarán a mejorar el *swing*. Suele haber ofertas en combos de comida y partida de golf.

Descubrir arte chino antiguo

MUSEO DE ARTE

PLANO: 3 P. 50 **B6**

El **Museo de Shanghái** (上海博物馆, Shànghǎi Bówùguǎn) es tremendamente singular, pues está ubicado en un edificio en forma de círculo con asas. Recuerda a un antiguo recipiente de bronce llamado *ding*, que se utilizaba en tiempos de la dinastía Shang para cocinar carne.

Sus cuatro plantas albergan una colección enorme y excepcional de objetos culturales, desde pinturas y sellos chinos hasta trajes, caligrafía, monedas y muebles de las dinastías Ming y Qing. Verlo todo de una vez puede resultar abrumador; es mejor hacer una pausa en el restaurante de la 1ª planta (diseñado como un salón de té tradicional) o volver otro día.

En la entrada sur, junto a la Sala de Bronce, se puede alquilar una audioguía en español, entre otros idiomas; en la entrada de cada galería hay detalladas guías en papel.

El museo es gratuito, pero los visitantes extranjeros deben registrarse con su pasaporte al entrar, y todos pasan un control de seguridad.

Evolución urbana de Shanghái MUSEO DE ARQUITECTURA

PLANO: 5 P. 50 B5

La **Sala de Exposiciones del Plan Urbanístico de Shanghái** (上海城市规划展示馆, Shànghǎi Chéngshì Guīhuà Zhǎnshìguǎn) es una moderna estructura de cinco niveles que repasa el desarrollo arquitectónico de la ciudad, desde el asentamiento pesquero junto al río Huángpǔ hasta la futurista metrópoli actual. Maquetas gigantes, pantallas interactivas y fotos históricas narran la historia de Shanghái; destaca una impresionante maqueta del centro de la ciudad que ocupa una sala entera, con todos los edificios de más de seis plantas representados, y una visita virtual de 360° de Shanghái.

La 1ª planta muestra el desarrollo primitivo de la ciudad, desde los colonos en el Bund hasta las características *shíkùmén* (casas de puerta de piedra) que hay por toda la ciudad. En la 4ª planta, los visitantes podrán echar un vistazo al futuro y ver lo que hay planeado para el resto del s. XXI.

El café de la 5ª planta ofrece vistas espléndidas del parque del Pueblo. Hay audioguías en español, entre otros idiomas.

Asistir a un espectáculo musical SALA DE ESPECTÁCULOS

PLANO: 6 P. 50 A5

El **Gran Teatro de Shanghái** (上海大剧院, Shànghǎi Dàjùyuàn), uno de los principales escenarios de la ciudad, acoge música clásica, *ballet,* ópera, danza y actuaciones de solistas clásicos de fama internacional, por no hablar de música tradicional china y grandes musicales como *Hairspray, Mamma Mia!* y *Wicked.*

ÓPERA TRADICIONAL CHINA

La esquina suroeste de la plaza del Pueblo es ideal para escuchar las características voces y la percusión orquestal asociada a esta forma de arte chino que se originó en Pekín durante la dinastía Qing (1644-1912) y que aún es uno de los medios culturales más importantes de la nación. En el teatro Yìfū (逸夫舞台, Yìfū Wǔtái, PLANO: 4 P. 50 C5), la principal ópera de Shanghái, puede escucharse sobre el escenario junto con mimo, danza, acrobacias y elaborados trajes tradicionales. Consúltese la programación en el canal oficial de WeChat (上海天蟾逸夫舞台).

COMIDA CALLEJERA EN EAST NANJING RD

En East Nanjing Rd, esq. Jinhua Rd, numerosos puestos de comida callejera venden curiosos tentempiés hasta bien entrada la noche. Se pueden probar patatas fritas "diente de lobo" de Yunnan y Sichuan con guindilla, cebolla y comino, pasteles de pescado coreanos, brochetas de pulpo...

Otra opción es sentarse en la excelente cadena de restaurantes libaneses **Eli Falafel,** a la vuelta de la esquina con Jiujiang Rd, donde deleitarse con tabulé y ensalada *fattush.*

Su impresionante armazón de cristal alberga 10 plantas bajo un tejado con aleros en curva, diseñado por el arquitecto francés Jean-Marie Charpentier, sobrino-nieto del compositor galo Gustave Charpentier. El edificio fue una proeza de la arquitectura moderna cuando se inauguró en 1988. El programa se puede consultar en la taquilla o en su canal de WeChat oficial (上海大剧院).

Probar la comida de Xīnjiāng

COCINA REGIONAL

Si se visita China es imprescindible probar la comida de la región de Xīnjiāng, que fusiona sabores del Tíbet, Mongolia, Irán, Turquía y China en platos como cordero y ternera asados, kebabs, arroz y *dumplings*. Y en Shanghái hay muchos sitios excelentes. Como bien dice su nombre, **Authentic Xinjiang Lamb Skewers** (新疆正宗羊肉串儿, Xīn Jiāng Zhèng Zōng Yáng Ròu Chuàn Ér; PLANO: 7 P. 50 **D4**) prepara al momento brochetas de cordero fresco a la parrilla. Estupendas acompañadas con una selección casera de pan *naan*.

Para disfrutar de sabores locales, **Guan Guan Ji** (贯贯吉, Guàn Guàn Jí; PLANO: 8 P. 50 **D5**) es uno de los restaurantes *xibei* (del noroeste) más auténticos de Shanghái; siempre está lleno, incluso después de medianoche. Cuando se prueban los clásicos (cordero desmenuzado, yogur, pilaf de cordero, pollo "plato grande" o *naan* frito con cordero), se entiende por qué.

Si se busca algo más moderno y de gama alta, hay que ir a **Xibo** (锡箔新疆, Xībó Xīnjiāng; PLANO: 9 P. 50 **C1**), en el Suhe MixC World. Ensalza la cocina del pueblo xibo, en las colinas del noroeste de Xīnjiāng, con estupendos cócteles y vinos galardonados de la región. Todos los platos son excelentes.

Lo mejor para...

Localizaciones en el plano de la **p. 50**

¥ Económico ¥¥ Medio ¥¥¥ Alto

Comer

Con vistas

Roof 325 (屋顶325, Wūdǐng 325) ¥¥¥
10 A5
Sofisticados platos europeos en el **Museo Histórico de Shanghái** (p. 51). *10.30-23.30*

Epicure on 45 (旋景餐厅, Xuánjǐng Cāntīng) ¥¥¥
11 B3
El restaurante giratorio más alto de Pǔxī, en la planta 45ª del Radisson Blu. *11.30-22.00*

MoCA on the Park (上海当代艺术馆, Shànghǎi Dāngdài Yìshùguǎn) ¥¥
12 B5
Platos mediterráneos con vistas al **parque del Pueblo** (p. 54). *11.00-22.00*

Sabores internacionales

Ministry of Crab ¥¥
13 B5
Marisco en un bonito marco en el **parque del Pueblo.** *11.30-22.30*

Eli Falafel (黎巴嫩美食, Eli Falafel Líbānèn Měishí) ¥
14 C4
Comida libanesa en un ambiente relajado. *10.30-22.30*

Deliciosa comida china

Lao Zheng Xing (老正兴, Lǎo Zhèng Xìng) ¥¥
15 D4
Inaugurado en 1862, con platos como gambas de río. *11.00-14.00, 17.00-21.00*

Yangzhou Fan Dian (扬州饭店, Yángzhōu Fàndiàn) ¥¥
16 D3
Platos de Henan con vistas de la ciudad. *11.00-14.30 y 16.30-22.00*

Beber

Cócteles

Barbarossa (芭芭露莎会所, Bābālùshā Huìsuǒ)
17 A5
Deliciosos cócteles en un bar de temática árabe con vistas al estanque del **parque del Pueblo.** *17.00-1.30*

Sky Dome Bar (星空酒吧, Xīngkōng Jiǔbā)
véase 11 B3
En la planta 46ª del Radisson Blu; cócteles clásicos y vistas de infarto. *17.00-1.00*

Comprar

Centros comerciales

New World City (新世界城, Xīn Shìjiè Chéng)
18 B4
Restaurantes de comida rápida, marcas chinas y occidentales y el **Madame Tussauds** (p. 58). *9.30-22.00*

Raffles City (来福士广场, Láifúshì Guǎngchǎng)
19 C4
Decenas de tiendas de diseño, restaurantes y marcas de gama media en esta torre de 49 plantas. *10.00-22.00*

Sugerencias de lugares para comer, beber y comprar en **p. 77**

Explora
Barrio antiguo

El barrio antiguo, conocido por los locales como Nan Shi (南市, "ciudad del sur"), data del s. XVI y es uno de los mejores lugares para ver la Shanghái "tradicional". Antaño rodeado por una muralla defensiva, siguió siendo epicentro de la actividad política china cuando británicos y franceses crearon concesiones cerca. Aunque buena parte ha sido derribado, aún quedan callejuelas encantadoras con arquitectura original –incluido un horizonte de aleros curvos– y más templos que en el resto de Shanghái junta. En el Año Nuevo chino se celebra el Festival de los Faroles del bazar de Yùyuán y Old Street es un hervidero.

Cómo desplazarse

Metro
La estación de Yuyuan Garden está conectada por las líneas 10 y 14, y en 10 min andando se llega a los jardines y al bazar de Yùyuán.

Taxi
Hay una parada justo fuera de los jardines y el bazar de Yùyuán. Los coches para traslados privados se encuentran fácil en esta zona.

Bicicleta y a pie
Es lo más práctico para explorar el barrio: la bici para ir de un templo a otro y a pie para explorar callejuelas y tiendas.

Bazar de Yùyuán (p. 70).
JOEYCHEUNG/SHUTTERSTOCK ©

LO MEJOR

JARDINES Jardines y bazar de Yùyuán (p. 68)

MERCADO Mercado textil South Bund (p. 73)

ARTE Power Station of Art (p. 76)

LUGAR HISTÓRICO Pabellón Dàjìng (p. 75)

VISTAS URBANAS Char Bar (p. 77)

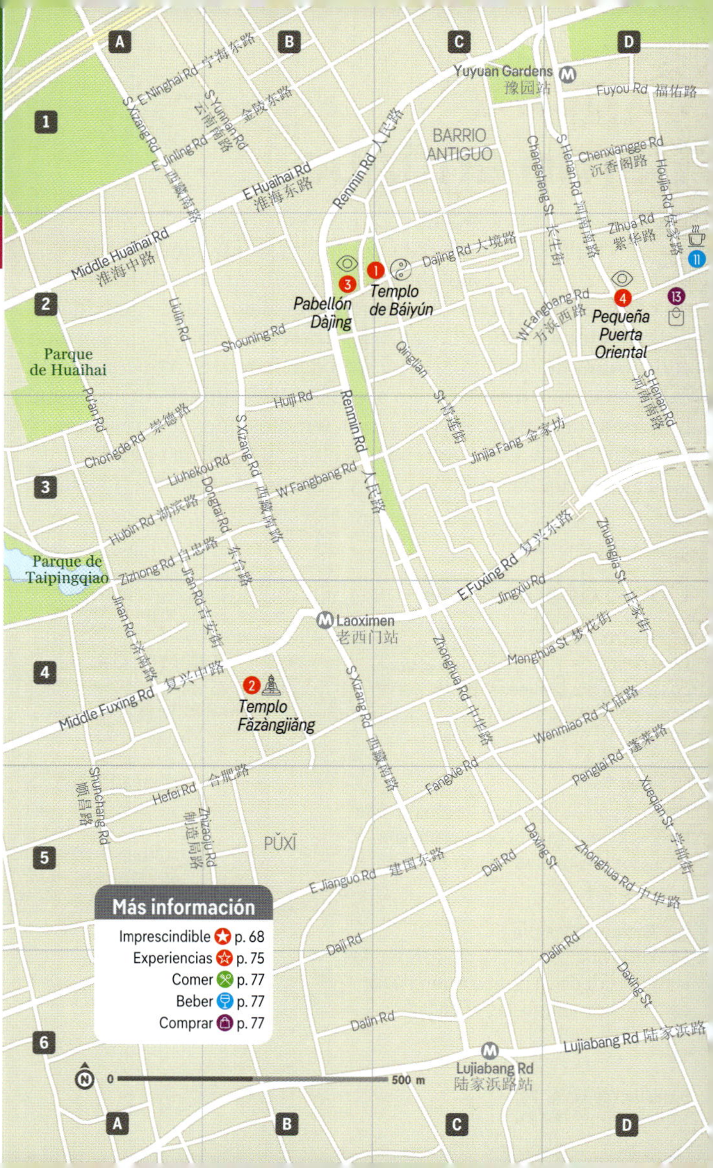
A
B
C
D
1
2
3
4
5
6
Yuyuan Gardens
豫园站
Fuyou Rd 福佑路
BARRIO ANTIGUO
S Ninghai Rd 宁海东路
S Yunnan Rd 云南南路
金陵东路
S Xizang Rd
E Jinling Rd 西藏南路
E Huaihai Rd 淮海东路
Renmin Rd 人民路
Changsheng St 长生街
S Henan Rd 河南南路
Chenxiangge Rd 沉香阁路
Houjia Rd 侯家路
Zihua Rd 紫华路
Middle Huaihai Rd 淮海中路
Dajing Rd 大境路
Templo de Báiyún
Pabellón Dàjìng
W Fangbang Rd 方浜西路
Pequeña Puerta Oriental
Liulin Rd
Shouning Rd
Parque de Huaihai
Qinglian St 青莲街
S Henan Rd 河南南路
Putan Rd
Huiji Rd
Renmin Rd 人民路
Chongde Rd 崇德路
S Xizang Rd 西藏南路
Jinjia Fang 金家坊
Liuhekou Rd
W Fangbang Rd
Dongtai Rd 东台路
Hubin Rd 湖滨路
Zhuangjia St 庄家街
E Fuxing Rd 复兴东路
Parque de Taipingqiao
Zizhong Rd 自忠路
Ji'an Rd 吉安路
Jingxiu Rd
Jinan Rd 济南路
Laoximen
老西门站
Menghua St 梦花街
Zhonghua Rd 中华路
Middle Fuxing Rd 复兴中路
Templo Fǎzàngjiǎng
S Xizang Rd 西藏南路
Wenmiao Rd 文庙路
Penglai Rd 蓬莱路
Fangxie Rd
Shunchang Rd 顺昌路
Hefei Rd 合肥路
Zhizaoju Rd 制造局路
Xueqian St 学前街
PǓXĪ
Daxing St
Daji Rd
E Jianguo Rd 建国东路
Zhonghua Rd 中华路
Más información
Imprescindible p. 68
Experiencias p. 75
Comer p. 77
Beber p. 77
Comprar p. 77
Daji Rd
Dalin Rd
Daxing St
Dalin Rd
Lujiabang Rd 陆家浜路
Lujiabang Rd
陆家浜路站
0
500 m

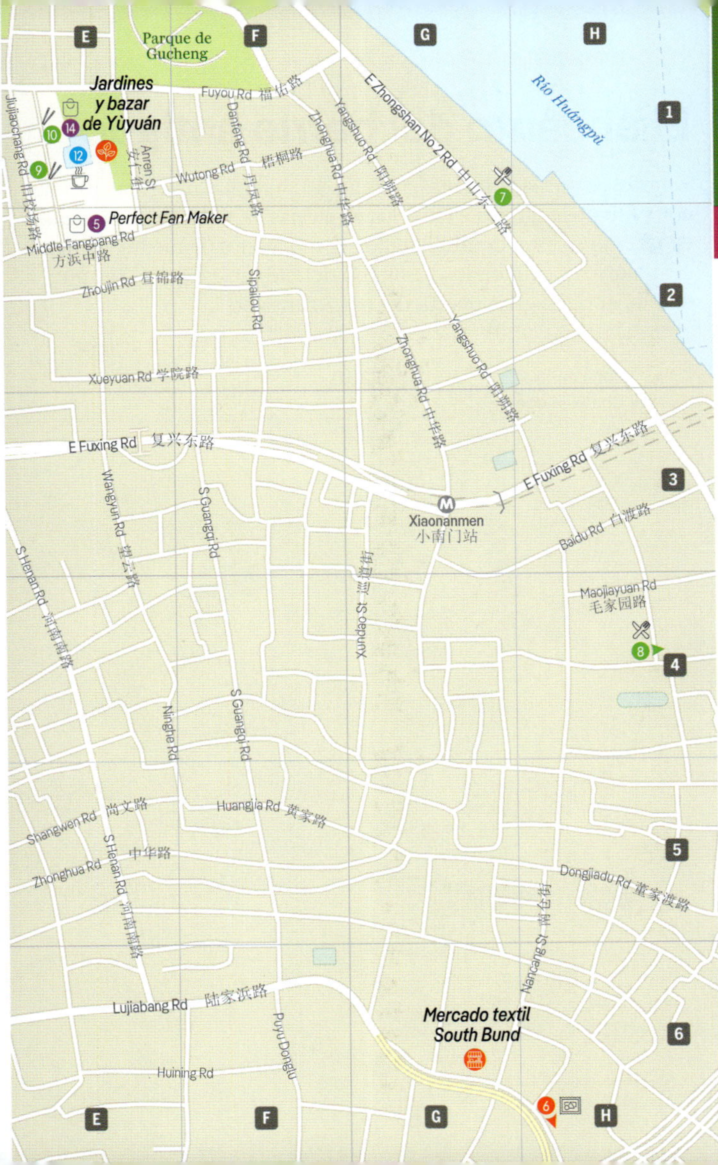

EXPLORA
BARRIO ANTIGUO

CIRCUITO A PIE

El encanto del barrio antiguo

Este paseo por la zona más antigua de Shanghái recorre callejones con antiguos templos y edificios en ruinas –a veces tapiados– que conservan sorprendentes detalles, como leones de piedra, azulejos centenarios y elaborados yesos con detalles artesanales. Termina en una antigua gran puerta del barrio antiguo.

INICIO	FINAL	DURACIÓN
Monasterio de Chénxiānggé	Char Bar	1,9 km; 1-2 h

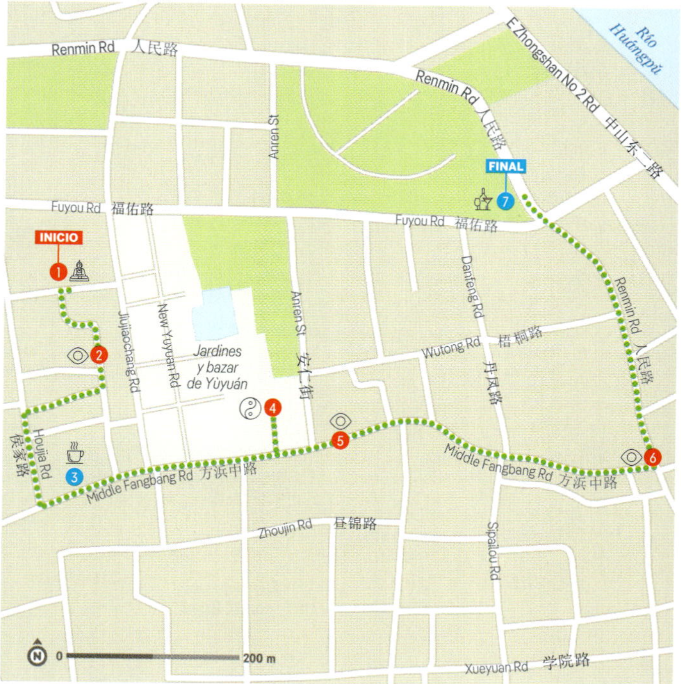

1 Monasterio encantador

Se parte del **monasterio de Chénxiānggé** (沉香阁, Chénxiāng Gé), en Chenxiangge Rd, famoso por su estatua de Buda de madera de *chénxiāng (Aquilaria sinensis)*. Por 10 ¥ de entrada se puede disfrutar de la calma budista. Este lugar casi desapareció durante la Revolución Cultural de Mao, pero su inclusión entre los 142 templos abiertos de China en 1989 permitió salvarlo y restaurarlo en 1990.

2 Callejones

Se exploran algunos de los **callejones tradicionales** del barrio antiguo serpenteando hacia el sur por Wangyima Alley (王医马弄), frente al monasterio. Se sigue por las callejuelas en dirección oeste por Zhongwangyima Alley (中王医马弄) antes de ir hacia el sur por Houjia Rd hasta Old Street (老街, Lǎo Jiē).

3 La hora del té

En una 2ª planta y con vistas al bullicio de Old Street, la encantadora (y algo decrépita) **Old Shanghai Teahouse** está decorada con muebles de época y parece congelada en 1930. Es buena idea entrar para tomar un té y echar un vistazo.

4 Templo taoísta

Luego se sigue unos 250 m hacia el este hasta el **templo del Dios de la Ciudad** (城隍庙, Chénghuáng Miào), junto al bazar de Yùyuán. Este templo, que data de principios del s. xv, sufrió grandes daños durante la Revolución Cultural, aunque más tarde fue restaurado. Presenta bellas tallas en el techo de la sala principal, dedicada al general militar y político chino Huo Guang, de la dinastía Han occidental.

5 Vestigios del pasado

Al salir del templo, se continúa hacia el este por **Middle Fangbang Rd,** fijándose en los aleros curvos y las tejas de los edificios que bordean la calle. En este corredor entre los jardines de Yùyuán y Renmin Rd sigue habiendo señales del pasado. Hay que buscar la pagoda sobre pilotes rojos y la antigua joyería Laoqingyun en el nº 59, fundada en 1783 tras la apertura del puerto de Shanghái; aún conserva estatuas de leones en su base.

6 Entrada al barrio antiguo

En el extremo este de Middle Fangbang Rd, una antigua **puerta de piedra** marca la entrada al barrio antiguo. En el arco pueden verse minuciosas tallas de flores, pájaros y leones.

7 Copas con vistas

Se sigue hacia el sur y luego se gira al este por Dongmen Rd hacia el Bund. La terraza exterior del **Char Bar,** en el Hotel Indigo, ofrece una de las mejores perspectivas del río Huángpǔ. Las copas son caras, pero las vistas compensan el dispendio.

★ IMPRESCINDIBLE

Jardines y bazar de Yùyuán

Una de las atracciones más populares de Shanghái son los jardines y el bazar de Yùyuán (豫园、豫园商城, Yùyuán & Yùyuán Shāngchéng), ejemplo del arte paisajístico de la dinastía Ming. Los jardines son un laberinto de pasadizos, estanques, pabellones y arcos, en cuyo centro se alza la Exquisita Roca de Jade. Alrededor se extiende el bazar, un laberinto de tiendas y puestos de comida.

PLANO: P. 64 **E1**

CONSEJO
Los fines de semana y festivos suele estar abarrotado; para evitarlo, mejor acudir temprano entre semana. Los jardines cierran los lunes.

Escanea este código QR para visitar el canal de WeChat de los jardines Yu y obtener audioguías.

Historia de los jardines de Yùyuán

La familia Pan fundó el complejo de los jardines Yu (*yu* significa "agradable y pacífico") y lo desarrolló durante 18 años, entre 1559 y 1577. Fueron destruidos en 1842 durante la Primera Guerra del Opio y de nuevo entre 1850 y 1864, en la rebelión Taiping. Una vez restaurados a su antiguo esplendor, se abrieron al público en la década de 1960.

Distribución general

El jardín se divide en cuatro partes: la **zona este,** la **zona oeste,** la **zona central** y el **jardín interior.** Lo mejor es hacer una foto del mapa de la entrada para orientarse luego.

Las mejores épocas para visitarlo son primavera y verano, cuando flota en el aire la fragancia de las flores. Vale la pena buscar las grandes flores blancas y el penetrante perfume de la *Magnolia grandiflora,* la flor oficial de Shanghái. También hay cerezos, altas metasecuoyas –de follaje verde claro parecido a un helecho en primavera y tonos cobrizos y rosados en otoño–, tejos chinos, sauces y gingkos. Un paseo por sus 20 000 m² depara puentes, figuras de piedra, arcos y estanques con carpas koi.

La gran rocalla fue diseñada por el arquitecto de la dinastía Ming Zhang Nanyang, con curiosos picos, senderos serpenteantes, colinas y hondonadas para darle textura. Hace siglos, desde aquí había vistas panorámicas del río Huángpŭ.

Estructuras y salones

Además de los jardines hay varios elementos arquitectónicos, entre ellos más de una docena de salones y pabellones. Cada uno tiene su significado y unos están más ornamentados que otros, diseñados para recibir a invitados distinguidos entre mobiliario antiguo y arte clásico. Obsérvense los tejados de tejas con intrincados detalles como figuras de guerreros o las enormes cabezas de dragón que cuelgan de las paredes. A los niños les

UNA PAUSA
Después de la visita, es buena idea ver pasar a la gente sentado en un taburete exterior del **Tsingtao Bar** (青岛酒吧, Qīngdǎo Jiǔbā), justo fuera del bazar. Tienen *lager* de la segunda cervecería más grande de China, además de IPA y cervezas blancas de barril; ambas se elaboran con agua de manantial del monte Lao.

encantará recorrer las distintas salas y arcadas, que van desde creaciones redondas y curvas hasta senderos rocosos.

No hay que perderse la **sala del Toque Esmeralda de la Primavera,** la **sala Dian Chun** (antaño sede de la rebelde Sociedad de las Espadas Pequeñas de Shanghái) y el espléndido **antiguo escenario de la ópera** (que acogió muchos cantos y bailes durante años). Se puede echar un vistazo a la **sala He Xu,** con unos muebles retorcidos hechos con raíces de baniano, y visitar la **sala Yu Hua,** que fue el estudio del gobernador Pan Yunduan, quien construyó el jardín Yu original para su padre. Obsérvense los detalles en piedra de jade y el fino mobiliario, además del pincel de escribir y la barra de tinta originales de Pan Yunduan.

Bazar de Yùyuán: pabellón Huxin

El **pabellón Huxin** (*huxin* significa "centro del lago"), también conocido como la **Casa de Té del Pabellón en Mitad del Lago** (湖心亭, Húxīntíng), está en el bazar de Yùyuán, cerca de la entrada principal de los jardines, y se cree que es la casa de té más antigua de Shanghái. La estructura, con sus tejas antiguas y aleros curvos, se construyó en 1784, durante la dinastía Qing, pero no abrió como tetería hasta 1855. Se accede por un puente en zigzag diseñado para detener el avance de los espíritus malignos, que solo se mueven en línea recta.

Hordas de turistas lo recorren en busca de buena suerte, sobre todo en el Año Nuevo chino, cuando el estanque de lotos que lo rodea se decora con emblemas de animales del calendario chino. El edificio sobre pilotes, con sus vistosas vigas talladas unidas por cuñas de bambú, estaba siendo reformado cuando se escribían estas líneas; una vez terminado, los visitantes podrán seguir deleitándose con un ritual del té rodeados de antiguo mobiliario chino. Aquí han estado la difunta reina Isabel II y Bill Clinton.

Mercados

En el bazar de Yùyuán, alrededor de los jardines, se venden todo tipo de recuerdos de China, y los edificios están construidos a imagen de los que están en los jardines. Se puede comprar desde té y antigüedades hasta material para caligrafía, sellos, *souvenirs,* juguetes y menaje. **Meng Jia Lao Hao** (孟家老郝, Mèngjiā Lǎohǎo) vende paquetes de tela brillante con hierbas y especias chinas que, según los principios de la medicina tradicional china, ayudan a aliviar diversas dolencias. El propietario machaca los ingredientes en un mortero, y los paquetes a la venta supuestamente inducen el sueño, evitan las picaduras de mosquito, mejoran la concentración, reducen la congestión nasal, limpian el hígado y favorecen la circulación.

Otras tiendas venden regalos turísticos más baratos, como recuerdos de Mao, maquetas de la torre Perla, caramelos de leche hechos en Shanghái y gatos dorados de la suerte. También hay artículos de menaje y una ecléctica oferta de tiendas, como **Comic Soul** (漫魂, Mànhún) y **Superman Toy** (超能动漫, Chāonéng Dòngmàn), que venden figuras de vinilo coleccionables.

Puestos de comida

El bazar es un lugar estupendo para probar sabrosos platos chinos a precios razonables, normalmente en espacios tipo cafetería. **Chunfeng Songyuelou** (春风松月楼, Chūnfēng Sōngyuèlóu; p. 77) es el restaurante vegano más antiguo de Shanghái, con sabrosos tallarines, *dumplings* vegetarianos y platos que imitan carne en un comedor limpio.

Una de las tiendas de tallarines más antiguas de Suzhou, **Songhelou Noodles Shop** (松鶴樓麵館, Sōng Hè Lóu Miànguǎn), tiene un puesto en el bazar y sirve cuencos saciantes (y nada caros) de

FESTIVAL DE LOS FAROLES

En torno al Año Nuevo chino, de finales de febrero a principios de marzo, las multitudes acuden a los jardines y el bazar de Yùyuán para el Festival de los Faroles. El lugar se anima con luces cautivadoras y coloridas representaciones de animales del calendario chino, haciendo hincapié en el animal de ese año.

CHRISTIAN WITTMANN/SHUTTERSTOCK ©

CONSEJO SOBRE 'SOUVENIRS'

Para encontrar versiones mucho más baratas de los regalos que en el bazar principal de Yùyuán, basta andar unas manzanas hasta la esquina de Houjia Rd (后家路) con Fuyou Rd (福佑路).

tallarines con caldo de carne estofada y cebolleta. Se pueden pedir guarniciones de gambas salteadas y panceta estofada, o propuestas más atrevidas, como anguila desmenuzada salteada en aceite y jengibre. También venden deliciosos pasteles.

Nánxiáng Steamed Bun Restaurant (南翔馒头店, Nánxiáng Mántou Diàn) es el local de *dumplings* más famoso de Shanghái, aunque las colas son largas y los fines de semana está imposible. Se divide en tres plantas; cuanto más arriba, más caro y elegante.

Otra opción estupenda para tomar *dumplings* es **Da Hu Chun** (大户春, Dàhù Chūn), donde sirven bollos de cerdo fritos, con una base crujiente y un jugoso relleno de carne, que se mojan en vinagre y guindilla o en salsa Worcestershire de Shanghái.

★ IMPRESCINDIBLE

Mercado textil South Bund

El mercado textil South Bund (南外滩轻纺面料市场, Nán Wàitān Qīngfǎng Miànliào Shìchǎng) no es tanto un centro comercial como un auténtico laberinto de costureros y sastres capaces de confeccionar un vestido o un traje a partir de una revista de patrones o una foto con un sinfín de telas.

PLANO: P. 64 **G6**

Los vendedores

Pijamas, vestidos, trajes...; en el mercado confeccionan de todo. Para conseguir el mejor resultado, se aconseja llevar una lista de los requisitos y una foto de lo que se quiere antes de escoger el puesto más adecuado. Encontrar al mejor sastre no es tan fácil como parece: las prendas las suele confeccionar un equipo entre bastidores y la calidad puede variar mucho (los sastres sí toman las medidas *in situ*). Al final, la elección dependerá de los tejidos y especialidades que ofrezcan, el precio y el plazo de entrega.

La mayoría de los vendedores tienen un buen nivel de inglés: no hay que dudar en preguntar. Si uno no queda satisfecho, puede pedir ajustes, pues forma parte del servicio.

La tela

Escoger el tejido adecuado es clave, y hay que dedicar tiempo y mirar bien entre los miles de estampados y estilos que se ofrecen. Muchos sastres exponen ejemplos de trajes, vestidos, jerséis, chaquetas, pantalones y camisas en distintos materiales, desde cuero y seda hasta cachemira, algodón y lino.

CONSEJO

Visitar el mercado al principio del viaje a Shanghái para que los sastres tengan tiempo de confeccionar la prenda y dejar un par de días de margen para posibles arreglos.

Muchos puestos se parecen entre sí y es fácil perderse al visitar de nuevo el mercado. Si se quiere volver a algún puesto en concreto, es mejor hacerle una foto antes de irse y escanear el código QR para guardarlo en WeChat.

YIFAN ZHANG/GETTY IMAGES ©

UNA PAUSA
A 20 min andando hacia el norte, siguiendo el río Huángpǔ, Cool Docks (老码头, Lǎomǎtóu) ofrece muchas opciones para comer, además de café y sabrosas pastas en **Brokking Dutch Bakery.**

Prendas listas para llevar

Si al viajero le gusta una prenda que ya está confeccionada, puede pedir que se la vendan. Además, se pueden arreglar a la medida del cliente y recogerlas otro día. En el mercado también venden accesorios: pajaritas, calcetines, bufandas, guantes, bolsos...

Regatear

Regatear es habitual. Normalmente, hay diferentes precios de salida según se trate de un chino, un extranjero residente que habla algo de chino o un turista. Hay que hacerse entender como se pueda para conseguir el mejor precio, y ser amable y respetuoso durante el proceso.

Un buen consejo es empezar por la mitad del precio que se quiera pagar y negociar a partir de ahí. Si el vendedor acepta la oferta, la norma no escrita es que se cierra la negociación y debe comprarse la prenda. Irse sin más en este punto se considera de mala educación.

Visitar templos ocultos TEMPLOS

El barrio antiguo tiene más templos que el resto de la ciudad junta. El **templo de Báiyún** (白云观, Báiyún Guàn; PLANO: 1 P. 64 **C2**), taoísta, merece una visita por el ambiente de su patio central y el palacio, donde una figura dorada del Emperador de Jade taoísta, considerado maestro de todas las deidades, se yergue imponente sobre el vestíbulo. A ambos lados hay figuras más pequeñas de los Sesenta Dioses del Tiempo.

Solo 1 km al sur, se pueden escuchar los cantos de los monjes budistas a través de las paredes del moderno **templo Făzàngjiăng** (法藏讲寺, Făzàngjiăng Sì; PLANO: 2 P. 64 **B4**), con una enorme estatua de Sakyamuni sobre un lirio en el centro. Cerca, el antiguo templo de Confucio (文庙, Wén Miào) data de 1294, pero se trasladó a su emplazamiento actual en 1855. Los tranquilos y cuidados jardines tienen césped, magnolias, arces, pinos y muchos pájaros. Destaca la sala Dacheng, con aleros gemelos y una estatua de Confucio en el exterior.

Disfrutar las vistas del Char Bar COMIDA Y BEBIDA

La planta 30ª del **Hotel Indigo** (英迪格酒店, Yīngdígé Jiǔdiàn; VÉASE PLANO: 7 P. 64 **G1**) es una especie de secreto local: quienes lo conocen se saltan los miradores de pago de Pŭdōng y acuden a tomar algo al **Char Bar** (p. 77). Ofrece una de las mejores vistas del río Huángpŭ, con panorámicas de 270° desde su enorme terraza exterior, incluidos los edificios antiguos del Bund y los modernos rascacielos de Pŭdōng.

Una planta más abajo, el restaurante **Char** (p. 77), de estilo contemporáneo, también tiene vistas impresionantes y figura en la lista Michelin. Los precios son desorbitados y los platos, extravagantes, como los filetes de *wagyu blackmore* "pura sangre" (traídos de Australia) acompañados de *foie gras* a la parrilla.

Ver la muralla original del barrio antiguo RUINAS HISTÓRICAS

PLANO: 3 P. 64 **B2**

El **pabellón Dàjìng** (大境阁, Dàjìng Gé) tiene una enorme importancia histórica para el barrio antiguo y la ciudad. Contiene el único tramo que queda de las murallas que rodeaban el barrio antiguo, erigidas en la década de 1550, durante la dinastía Ming, para protección frente a los invasores. Hoy solo queda este tramo de 50 m.

En los ladrillos tal vez se encuentren los nombres de los emperadores Xianfeng y Tongzhi. Dentro puede visitarse el pequeño templo y un museo de caligrafía con fotos antiguas de la ciudad.

RUTAS POR LIBRE EN BICI
Muchos de los templos del barrio antiguo distan poco más de 1 km de los jardines y el bazar de Yùyuán. Una forma sencilla de verlos todos es en bici.

Solo hay que alquilar una **Hellobike** azul (o uno de los servicios equivalentes de bicis de Shanghái, que se encuentran por doquier en las aceras) con la *app* Alipay y planear la ruta. Todo está a 5 min pedaleando. Se empieza en los templos cercanos al bazar antes de ir al este por la **Pequeña Puerta Oriental** (小东门, Xiǎo Dōng Mén; PLANO: 4 P. 64 **D2**).

Todo sobre abanicos chinos

MUSEO Y TIENDA

PLANO: 5 P. 64 **E2**

En parte tienda y en parte sala de exposiciones, **Perfect Fan Maker** narra la historia de los abanicos, que servían fundamentalmente para demostrar poder. Se remontan a la época de la dinastía Shang (1600 a 1050 a.C.) y, cuanto más adornado el abanico, mayor estatus tenía la persona que lo usaba. Se decoraban con arte, caligrafía e intrincadas tallas.

Aquí se exponen docenas de abanicos y las herramientas originales con las que se fabricaban. Se suelen elaborar con madera de sándalo o bambú y en la tienda se pueden adquirir de todos los tamaños y estilos imaginables.

Ver arte moderno en la Power Station of Art

MUSEO

PLANO: 6 P. 64 **H6**

El primer museo estatal dedicado al arte moderno es la **Power Station of Art** (上海当代艺术博物馆, Shànghǎi Dāngdài Yìshù Bówùguǎn), que se ubica en una antigua central eléctrica de 15 000 m² y techos de 30 m de altura.

Fue la sede del pabellón del Futuro Urbano durante la Exposición Universal de Shanghái 2010, y hoy alberga instalaciones de impresionante tamaño y provocativas exposiciones temporales. También acoge la estupenda Bienal de Shanghái (que suele celebrarse de noviembre a marzo), con temas como “cine cosmos”, “creación urbana” o “el espíritu de Shanghái”.

Para más información, véase powerstationofart.com.

SUGERENCIAS

Lo mejor para...

¥ Económico ¥¥ Medio ¥¥¥ Alto

Localizaciones en el plano de la **p. 64**

Comer

Alta cocina

Char (恰餐厅, Qià Cāntīng) ¥¥¥
7 G1
En el Hotel Indigo, para probar platos extravagantes como filete de *wagyu* o torres de marisco. Espléndidas vistas de Pǔdōng y el río Huángpǔ. *12.00-0.30*

Kathleen's Waitan (凯瑟琳的外坦, 453 Waima Rd, 外马路453号) ¥¥¥
8 H4
Ahora en **Cool Docks,** Kathleen's sirve fenomenales platos de marisco y carne. *11.00-24.00*

Comida china sencilla

Chunfeng Songyuelou (春风松月楼, Chūnfēng Sōngyuèlóu) ¥
9 E1
El restaurante vegano más antiguo de Shanghái sirve *dumplings* y tallarines con setas. En el **bazar de Yùyuán** (p. 68). *6.30-20.00*

Nanxiang Steamed Bun Restaurant (南翔馒头店, 85 Yuyuan Rd, 豫园商城豫园路85号) ¥
10 E1
Las colas dan la vuelta a la manzana por sus cestas de *dumplings xiǎolóngbāo*. *8.00-21.30*

Da Hu Chun (大户春, Dàhù Chūn) ¥
véase 10 E1
Ricos bollos de cerdo fritos con una base crujiente y un jugoso relleno. *7.00-19.30*

Beber

Té con vistas

Char Bar (恰酒吧, Qià Jiǔbā)
véase 7 G1
Enorme terraza con vistas magníficas del río Huángpǔ. *16.30-1.00*

Old Shanghai Teahouse (老上海茶馆, Lǎo Shànghǎi Cháguǎn)
11 D2
Té servido en tazones de porcelana en un salón sacado de los años treinta. *9.00-21.00*

Casa de Té del Pabellón en Mitad del Lago (湖心亭, Húxīntíng)
12 E1
Posiblemente la tetería más famosa de Shanghái; los principales tés de la nación se sirven aquí, en el **bazar de Yùyuán** (p. 68). *9.00-21.00*

Comprar

Mercados y puestos

Old Street (老街, Lǎo Jiē)
13 D2
Repleta de *souvenirs* baratos y alguna que otra joya oculta. *9.00-21.00*

Meng Jia Lao Hao (孟家老郝, Mèng Jiālǎo Hǎo)
14 E1
Se ve al propietario majando hierbas y especias a mano para elaborar preparados que supuestamente tratan muchas dolencias, según la medicina tradicional china.

Sugerencias de lugares para comer y beber en **p. 98**

Explora Antigua Concesión Francesa

Con sus avenidas arboladas, sus mansiones de la década de 1920 y su arquitectura francesa, este barrio es ideal para encontrar la calma en la agitada y moderna metrópoli. Está salpicado de complejos de viviendas tradicionales, *boutiques pop-up* independientes, modernas cafeterías, buenas coctelerías e inventivos restaurantes. Esta antigua concesión se estableció en 1849 y duró hasta 1943 y, aunque los extranjeros utilizan el apelativo de la época colonial, Concesión Francesa, a los lugareños este nombre no les dice nada. El término chino es Fazujie (法租界), pero se conoce más como Lúwān (卢湾) o Huángpǔ (黄浦).

Cómo desplazarse

Metro
Llega a lugares como Xīntiāndì (hay que bajarse en Site of the First CPC National Congress) y Tiánzǐfáng (en Dapuqiao). En general, hay pocas estaciones en este barrio.

Taxi
Operan en toda la zona; se pueden parar por la calle o pedir en línea a través de Alipay o WeChat.

Bicicleta
Hay bicis de alquiler casi en todas las calles. Solo hay que desbloquear una de las azules con la *app* Hellobike de Alipay para disfrutar de una forma barata y fácil de moverse por el barrio.

Arquitectura 'shíkùmén', Xīntiāndì (p. 84).
CYO BO/SHUTTERSTOCK ©

LO MEJOR

CENA Y COMPRAS Xīntiāndì (p. 84)

RUTA GASTRONÓMICA UnTour Shanghai (p. 95)

ARQUITECTURA TRADICIONAL Tiánzǐfáng (p. 90)

MASAJE CHINO Zen Massage (p. 96)

ARTE Museo de los Carteles Propagandísticos (p. 97)

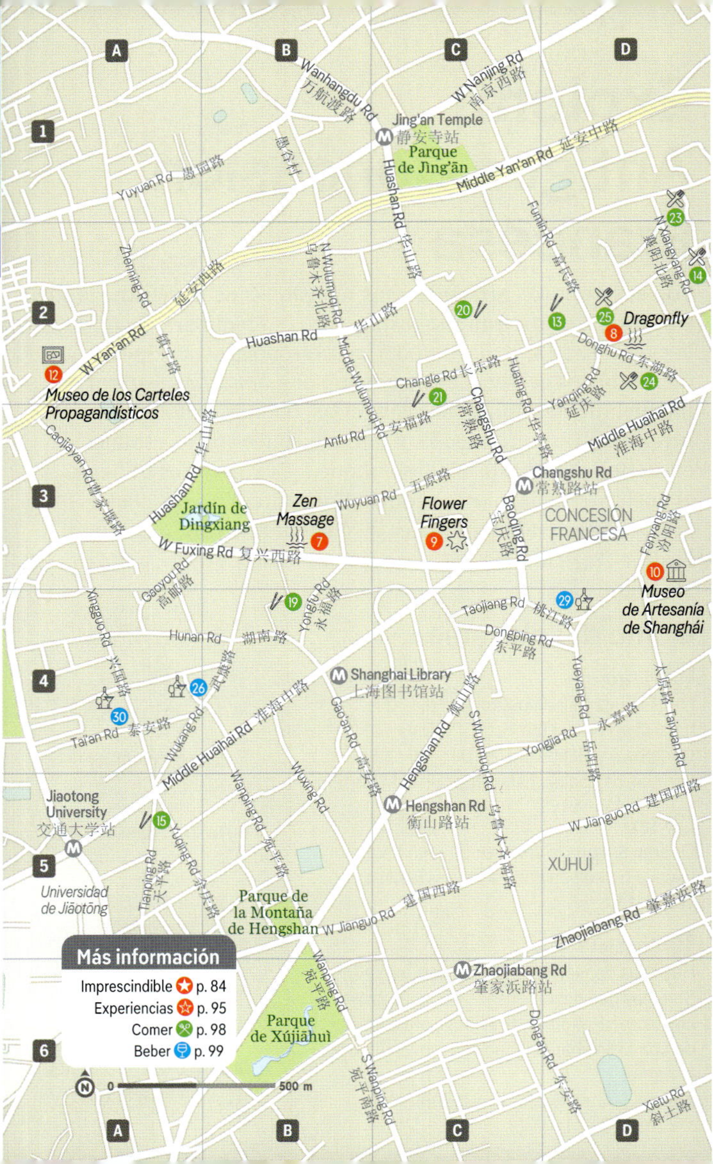
Jing'an Temple
静安寺站
Parque de Jìng'ān
Wanhangdu Rd
万航渡路
W Nanjing Rd
南京西路
Middle Yan'an Rd
延安中路
Yuyuan Rd
愚园路
Huashan Rd
华山路
N Wulumuqi Rd
乌鲁木齐北路
Fumin Rd
富民路
N Xiangyang Rd
襄阳北路
Zhenning Rd
镇宁路
W Yan'an Rd
延安西路
Dragonfly
Donghu Rd
东湖路
Changle Rd
长乐路
Middle Wulumuqi Rd
Changshu Rd
常熟路
Huating Rd
华亭路
Yanqing Rd
延庆路
Museo de los Carteles Propagandísticos
Caojiayan Rd
Anfu Rd
安福路
Middle Huaihai Rd
淮海中路
Changshu Rd
常熟路站
Wuyuan Rd
五原路
Zen Massage
Flower Fingers
Jardín de Dingxiang
CONCESIÓN FRANCESA
Baoqing Rd
宝庆路
Fenyang Rd
汾阳路
W Fuxing Rd
复兴西路
Gaoyou Rd
高邮路
Yongfu Rd
永福路
Museo de Artesanía de Shanghái
Taojiang Rd
桃江路
Xingguo Rd
兴国路
Hunan Rd
湖南路
Dongping Rd
东平路
Shanghai Library
上海图书馆站
Wukang Rd
武康路
Ta'an Rd
泰安路
Gao'an Rd
高安路
Hengshan Rd
衡山路
S Wulumuqi Rd
乌鲁木齐南路
Yueyang Rd
岳阳路
Yongjia Rd
永嘉路
Taiyuan Rd
太原路
Wuxing Rd
Wanping Rd
宛平路
Hengshan Rd
衡山路站
Jiaotong University
交通大学站
W Jianguo Rd
建国西路
XÚHUÌ
Tianping Rd
天平路
Yuqing Rd
余庆路
Universidad de Jiāotōng
Parque de la Montaña de Hengshan
Zhaojiabang Rd
肇嘉浜路
Zhaojiabang Rd
肇家浜路站
Parque de Xújiāhuì
Dong'an Rd
东安路
S Wanping Rd
宛平南路
Xietu Rd
斜土路
0
500 m
Más información
Imprescindible p. 84
Experiencias p. 95
Comer p. 98
Beber p. 99

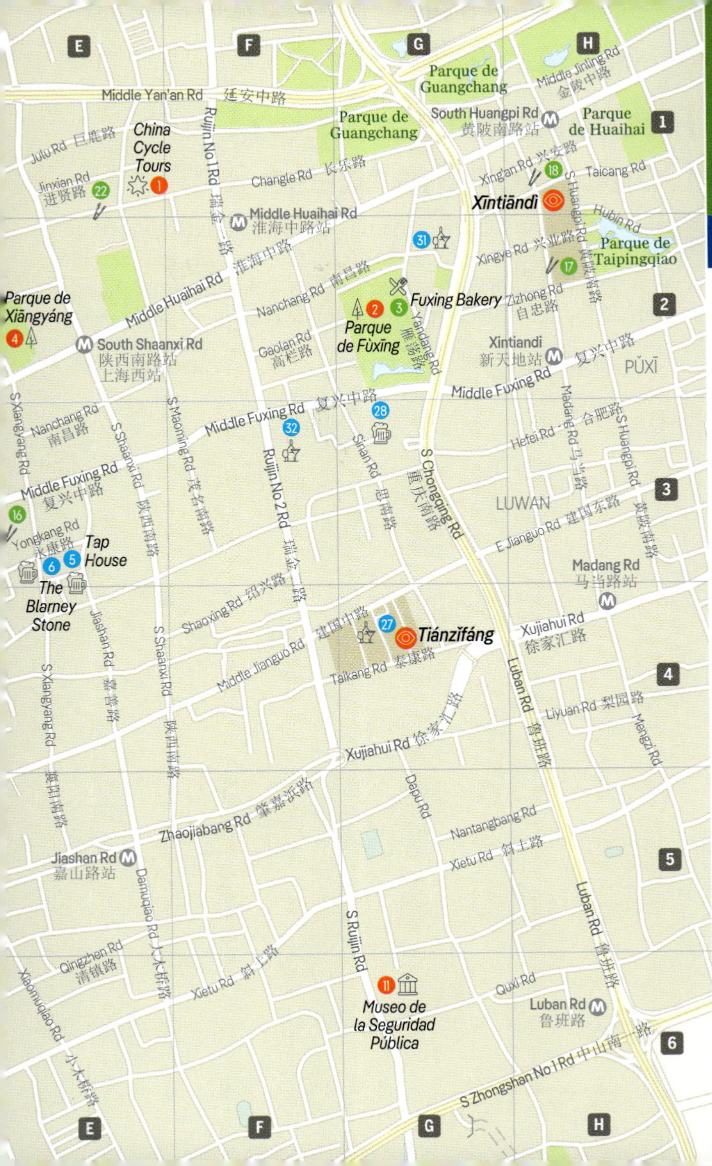
E
F
G
H
1
2
3
4
5
6
Middle Yan'an Rd 延安中路
Parque de Guangchang
Parque de Guangchang
South Huangpi Rd 黄陂南路站
Middle Jinling Rd 金陵中路
Parque de Huaihai
Julu Rd 巨鹿路
China Cycle Tours
Jinxian Rd 进贤路
22
1
Ruijin No 1 Rd 瑞金一路
Changle Rd 长乐路
Xing'an Rd 兴安路
18
Taicang Rd
Xīntiāndì
Middle Huaihai Rd 淮海中路站
Middle Huaihai Rd 淮海中路
31
Hubin Rd
Xingye Rd 兴业路
Parque de Taipingqiao
17
S Huangpi Rd 黄陂南路
Nanchang Rd 南昌路
Fuxing Bakery
Zizhong Rd 自忠路
2
3
Parque de Xiāngyáng
4
Parque de Fùxīng
Yandang Rd 雁荡路
South Shaanxi Rd 陕西南路站 上海西站
Gaolan Rd 高栏路
Xintiandi 新天地站
复兴中路
PǓXĪ
Middle Fuxing Rd
S Xiangyang Rd
Nanchang Rd 南昌路
S Maoming Rd 茂名南路
Middle Fuxing Rd 复兴中路
28
32
Sinan Rd 思南路
Hefei Rd 合肥路
Madang Rd 马当路
S Huangpi Rd
S Shaanxi Rd 陕西南路
Middle Fuxing Rd 复兴中路
Ruijin No 2 Rd 瑞金二路
S Chongqing Rd 重庆南路
LUWAN
16
E Jianguo Rd 建国东路
黄陂南路
Yongkang Rd 永康路
Tap House
6
5
The Blarney Stone
Madang Rd 马当路站
Shaoxing Rd 绍兴路
建国中路
27
Tiánzǐfáng
Xujiahui Rd 徐家汇路
Middle Jianguo Rd
Taikang Rd 泰康路
Jiashan Rd 嘉善路
S Shaanxi Rd 陕西南路
S Xiangyang Rd 襄阳南路
Luban Rd 鲁班路
Liyuan Rd 梨园路
Mengzi Rd
Xujiahui Rd 徐家汇路
Dapu Rd
Zhaojiabang Rd 肇嘉浜路
Nantangbang Rd
Xietu Rd 斜土路
Jiashan Rd 嘉山路站
Damuqiao Rd 大木桥路
Luban Rd 鲁班路
Qingzhen Rd 清镇路
Xietu Rd 斜土路
S Ruijin Rd
11
Museo de la Seguridad Pública
Quxi Rd
Luban Rd 鲁班路
Xiaomuqiao Rd 小木桥路
S Zhongshan No 1 Rd 中山南一路

CIRCUITO A PIE

Pasear por la antigua Concesión Francesa

Esta arbolada zona tiene una gama de estilos arquitectónicos que se remontan más de un siglo, desde grupos de casas tradicionales a villas de estilo francés. Las placas de color beis de los edificios hablan de los personajes influyentes que vivieron en su interior.

INICIO	FINAL	DURACIÓN
Metro Xīntiāndì	Okura Garden Hotel Shanghai	2 km; 1-2 h

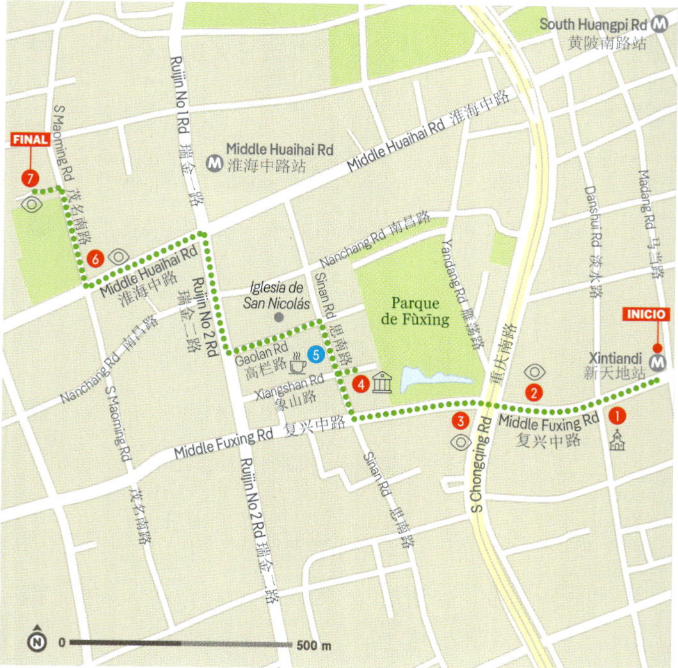

1 Santa iglesia

Desde la salida 5 del metro de Xīntiāndì, se camina al oeste por Middle Fuxing Rd hacia la **iglesia de Todos los Santos** (诸圣堂, Zhū Shèng Táng), de 1925, un edificio italianizante.

2 Antigua casa de un pintor

Más adelante está la **antigua casa de Liu Haisu** (刘海粟舊居, Liú Hǎisù Jiùjū), una gran mansión de estilo europeo. Aquí residió este famoso pintor chino entre 1896 y 1994, conocido por modernizar los métodos tradicionales de arte y fusionar técnicas orientales y occidentales. Fundó la Academia de Bellas Artes de Shanghái, primera escuela de arte de China.

3 Mansiones lujosas

Enfrente, en la esquina con South Chongqing Rd, se gira para ver las **Sinan Mansions** (思南公馆, Sīnán Gōngguǎn), un complejo de villas particulares de la década de 1920. Hoy hay cafeterías, restaurantes, la Boxing Cat Brewery y **Sinan Books** (思南书局, Sīnán Shūjú), con rincones cómodos para leer.

4 El padre de la China moderna

Andando hacia el norte por Sinan Rd (Rue Massenet) se puede visitar la **antigua residencia de Sun Yatsen** (孙中山故居, Sūn Zhōngshān Gùjū), considerado el padre de la China moderna, que vivió aquí entre 1918 y 1924. Fue el primer presidente provisional de la República de China y miembro del Kuomintang (el Partido Nacionalista de China).

5 Un café

Frente a la casa de Sun Yatsen hay una cafetería con mucho ambiente, **Antique Garden** (古董花园, Gǔdǒng Huāyuán). Ideal para un café (o vino y cócteles a partir de las 19.00) y observar los muebles antiguos, lámparas originales, jaulas para pájaros y expositores con objetos de la época victoriana al *art déco*. El jardín es idílico para el té de la tarde.

6 Teatro 'art déco'

Hacia el norte por Gaolan Rd (Rue Cohen), se deja atrás la iglesia ortodoxa rusa de San Nicolás. Girando a la derecha por Ruijin No. 2 Rd y a la izquierda por Middle Huaihai Rd –llena de *boutiques*–, se llega a South Maoming Rd, donde está el **teatro Cathay** (国泰电影院, Guótài Diànyǐngyuàn), de 1932, uno de los mejores espacios *art déco* de Shanghái.

7 Hotel de lujo

El opulento **Okura Garden Hotel Shanghai** (花园饭店上海, Huāyuán Fàndiàn Shànghǎi) nació en 1926 como el Cercle Sportif Français, el primer club de propiedad extranjera de Shanghái. Se puede echar un vistazo al interior para admirar la gran lámpara de araña del vestíbulo y los pasillos repletos de fotos de huéspedes ilustres, como Mao Zedong.

★ IMPRESCINDIBLE

Xīntiāndì

El increíblemente popular barrio de Xīntiāndì (新天地, Xīntiāndì), de estilo *shíkùmén* rejuvenecido, fue el primer lugar de reunión del Partido Comunista de China. Hoy es una serie de calles ordenadas y embellecidas, siguiendo el modelo de los callejones tradicionales. En esta zona peatonal, las antiguas viviendas son hoy restaurantes, cafés y *boutiques* elegantes.

PLANO: P. 80 **H1**

CONSEJO
La parada de metro de Xīntiāndì, también conocida como Site of the First CPC National Congress, está a 10 min andando del complejo comercial.

Escanea este QR para conocer las últimas noticias y eventos de Xīntiāndì.

Arquitectura e historia

Xīntiāndì es un barrio conocido por su pulida arquitectura *shíkùmén* (casas con puerta de piedra) –uno de los varios estilos arquitectónicos de este tipo en Shanghái–, y sus callejuelas abundan en estas estructuras clásicas. La estética *shíkùmén* surgió a mediados del s. XIX, cuando fusionó el estilo de patios chinos con la arquitectura europea. En un momento dado, el número de estructuras *shíkùmén* en la ciudad ascendía a 10 000; en su apogeo, constituían más del 50% de las viviendas de la ciudad.

Estas casas de ladrillo son similares a las adosadas que se veían por Europa en la misma época, salvo que estas incluían grandes puertas de piedra y detallados arcos. Construidas para alojar al creciente número de inmigrantes que llegaba a Shanghái tras su designación como puerto abierto en 1893, las *shíkùmén* eran una alternativa mucho más segura a las casas de madera, muy inflamables, más frecuentes entonces. A medida que Shanghái se hacía más próspera y crecía la clase media, también aumentaron los elaborados diseños y los intrincados detalles de las *shíkùmén*, muchas con

4045/SHUTTERSTOCK ©

tallas ornamentales de piedra y portales a dos aguas. Se pueden buscar estos detalles al deambular por las calles de Xīntiāndì.

No hay que perderse la extravagante mansión de tres plantas **One Xīntiāndì** (新天地一号, Xīntiāndì Yī Hào), construida en 1925 con ventanales, columnas y balcones con balaustradas de piedra y celosías de estilo romano. Se permiten visitas durante las exposiciones especiales o para desfiles de moda puntuales.

Primer Congreso Nacional del Partido Comunista de China

El Partido Comunista de China se fundó en un edificio de la Concesión Francesa de Shanghái, cuando 13 representantes del partido, entre ellos Mao Zedong y Dong Biwu, celebraron su primera reunión el 23 de julio de 1921. El modesto edificio

UNA PAUSA
Para disfrutar de un buen cóctel en un ambiente tranquilo hay que ir a **The Bunker,** un bar clandestino tras una puerta secreta (tipo palé) en The Barn by Green & Safe.

FESTIVAL DE LA LUZ

Lumières Shanghai, uno de los festivales de luz más destacados de China, se celebra en Xīntiāndì en torno al Año Nuevo chino y muestra las radiantes creaciones de diversos artistas.

shíkumén se ha transformado en un santuario: la **sede del Primer Congreso Nacional del Partido Comunista de China** (中共一大会址纪念馆, Zhōnggòng Yīdàhuìzhǐ Jìniànguǎn; en la foto), que linda con el parque de Taipingqiao.

También hay un museo con fotos históricas y objetos originales, como un cañón, un mojón que se utilizaba para dividir los municipios de Shanghái y los desiguales tratados que se firmaban en la época.

El museo también relata la historia más reciente de Shanghái, empezando por la Primera Guerra del Opio en 1839, que convirtió la ciudad en una semicolonia, y la Revolución de 1911 –en la que triunfó una revuelta contra la dinastía imperial Qing–, antes de la formación del Partido

EQROY/SHUTTERSTOCK ©

Comunista y la instauración de la República Popular China en 1949. Al entrar en la sala de juramentos se sentirá el poder del Partido; enfrente hay una tienda que vende recuerdos.

Los mejores restaurantes de Xīntiāndì

Xīntiāndì es una aventura gastronómica con docenas de restaurantes de gama media o alta para todos los paladares. He aquí los mejores.

Kanpai (乾杯烧肉居酒屋, Gānbēi Shāoròu Jūjiǔwū), en el nº 16 de la calle 181, es ideal para degustar sabrosos platos japoneses. Es un *izakaya* (*pub* japonés) con mucho ambiente con tuberías industriales a la vista, ladrillos, carteles japoneses y mesas con parrillas.

Peninsula Boutique and Cafe (半岛精品店与咖啡厅, Bàndǎo Jīngpǐndiàn yǔ Kāfēitīng) está justo al lado y es perfecto para un té de la tarde, con una repostería muy creativa, como la quiche de té verde con salsa XO o tarta de pasas y natillas.

Boxing Cat Brewery (拳击猫啤酒屋, Quánjīmāo Píjiǔwū) también está cerca y es un buen lugar para tomar una cerveza artesanal y devorar un plato de buena comida de *pub*. Las patatas fritas con queso y chile se sirven en sartén y los trozos de queso frito se apilan como bloques de Jenga.

The Barn by Green & Safe vende productos (vino ecológico, bollería, verduras) y ofrece un comedor abierto en un amplio espacio tipo granero donde sirven abundantes ensaladas y platos de carne de corral. Los ingredientes proceden de la propia granja de la empresa.

Polux by Paul Pairet, en el nº 5, ofrece una experiencia clásica de bistró francés, con mobiliario sencillo de estilo europeo, filetes al punto, confit de pato y chuleta de cerdo a la grenoblesa.

Din Tai Fung (鼎泰丰, Dǐng Tài Fēng), en la calle 123, ofrece algunos de los mejores *dumplings xiǎolóngbāo* de Shanghái. Estos famosos paquetitos en caldo son sublimes y a un precio razonable para

HORA FELIZ

Se recomienda visitar Xīntiāndì durante la *happy hour* (normalmente entre semana, de 16.00 a 19.00) para disfrutar de comida y bebida con grandes descuentos. Las ofertas cambian con regularidad, pero la mayoría de los locales de Xīntiāndì las ofrecen.

FIESTAS DE KARAOKE
Haoledi KTV (好乐迪KTV, Hǎolèdí KTV), a unos minutos andando de Xīntiāndì, en 2 Shunchang Rd, es la sucursal insignia de esta empresa que ofrece salas de karaoke privadas, algunas por todo lo alto, con lámparas de araña y sofás de cuero. En la tienda del local se compran las bebidas, se llevan a la sala privada y se escoge entre un catálogo repleto de canciones pop en inglés.

el lugar. Sin embargo, a **T'ang Court** (唐阁, Táng Gé) es donde hay que ir para impresionar a una cita. Este restaurante con dos estrellas Michelin está en la 5ª planta del hotel The Langham y sirve un excelente cochinillo y *dim sum* a una clientela vestida formal.

De compras

Por las callejuelas de la manzana norte de Xīntiāndì hay numerosas *boutiques* de lujo, así como muchas marcas locales y de moda muy seleccionadas, como **Aesop** y **Le Labo,** además de regalos y curiosidades de alta gama como las que se encuentran en la sofisticada **drivepro,** de estilo *steampunk,* con objetos de coleccionista expuestos casi como si fuera un museo. Los artículos a la venta cambian con regularidad, pero se puede encontrar desde un traje de astronauta hasta una maqueta del dirigible *Hindenburg.*

En la manzana sur hay marcas clásicas como **Adidas,** además de decenas de tiendas de moda en el moderno **Xintiandi Plaza** y **Xintiandi Style I,** un centro comercial de cuatro plantas iluminado por una enorme claraboya, con montones de marcas de moda chinas e internacionales, desde **Vera Wang** y **Arket** hasta **Body Concept** o **Invincible.**

Festivales

Xīntiāndì se convierte en la meca del diseño durante dos semanas del mes de junio, en el **Festival de Diseño de Xīntiāndì,** con diversión para toda la familia en forma de instalaciones interactivas y 3D por todo el complejo. Algunas obras tienen luz, sonido y vídeo; las hay simpáticas y divertidas; otras son estructuras metálicas gigantescas con componentes móviles y otras resultan conmovedoras.

GREG ELMS/LONELY PLANET ©

Xīntiāndì también es uno de los cuatro escenarios del **Festival de Músicas del Mundo,** el mayor de China, en el que actúan tres docenas de grupos internacionales y regionales a finales de septiembre y principios de octubre. Los conciertos son gratuitos e incluyen actuaciones de música étnica china, antiguos sonidos kazajos y música folclórica francesa en directo, todo ello en un gran escenario instalado en la manzana sur.

★ IMPRESCINDIBLE

Tiánzǐfáng

El entramado de callejones de Tiánzǐfáng (田子坊, Tiánzǐfáng) es uno de los ejemplos más cautivadores de la arquitectura típica de Shanghái. Con la modernización de la ciudad, las viviendas tradicionales quedaron relegadas, pero las familias y las generaciones mayores siguieron residiendo aquí. Muchos artistas se trasladaron al barrio cuando los alquileres eran baratos, contribuyendo a su encanto y vitalidad.

PLANO: P. 80 **G4**

CONSEJO
Los fines de semana hay muchos atascos: es mejor acudir en bici o metro. La estación de Dapuqiao está justo enfrente de Tiánzǐfáng.

Escanea este código QR para ver el programa del MAO House, un increíble local de música en directo.

Arquitectura y diseño

Situado en la calle 210 Taikang Rd, Tiánzǐfáng es una versión menos refinada de Xīntiāndì, con una gran diferencia: aquí aún vive gente, como hacen desde hace casi un siglo. Construido en 1931, el complejo es un notable ejemplo de la arquitectura *shíkumén* local, con grandes puertas negras y detallados arcos tallados en piedra que llevan a las viviendas, todas ellas alineadas en pequeños y serpenteantes *lòngtáng* (callejones). Se compone de tres calles principales norte-sur (nº 210, 248 y 274) por las que se cruzan callejones este-oeste; es fácil perderse, pero es parte del encanto.

De camino, los visitantes encontrarán paneles que cuentan la historia de la zona, estudios de arte de fotografía local, escultura, etc., pequeñas tiendas de artesanía, y minúsculos bares, cafés y teterías.

El atractivo de la zona también reside en los detalles: como estos espacios eran tan reducidos, los habitantes compartían lo que podían, incluidos el agua y las cocinas, y utilizaban las calles para socializar y hacer ejercicio. En el exterior de los edificios aún pueden verse los fregaderos de antaño, en lo alto hay tendederos (a veces con la colada tendida) y plantas y enredaderas crecen sobre los edificios. En conjunto, es un ejemplo vivo y ecológico de un típico complejo de casas *shíkumén,* con un toque artístico. A medida que la zona ha ganado en popularidad, se ven cada vez más tiendas de regalos para turistas en las callejuelas.

Artistas y creativos

Los artistas llevan décadas en Tiánzǐfáng. Cuando se construyó, en la década de 1930, se le dio el nombre de Zhicheng Fang (que significa "barrio de la ambición"), pero el pintor chino Huang Yongyu impulsó el nuevo apodo de Tiánzǐfáng en los últimos años, supuestamente en homenaje al antiguo pintor chino Tianzi Fang, como un guiño a los vínculos artísticos de la zona.

UNA PAUSA
La cafetería china **Tianzifang Coffee Roaster** (Lane 210 Taikang Rd, 泰康路210弄) prepara cafés con granos cultivados en la provincia de Yunnan y té también de Yunnan.

EQROY/SHUTTERSTOCK ©

NO ENTRAR
Hay quien llega el fin de semana a Tiánzǐfáng y se encuentra con que no puede entrar. Las estrechas callejuelas del barrio se han hecho tan populares que han puesto guardias de seguridad en las entradas los fines de semana para evitar aglomeraciones. Al anochecer está más tranquilo, igual que entre semana. Los bares no suelen abrir hasta primera hora de la noche.

Aún hay numerosas galerías en los serpenteantes callejones de Tiánzǐfáng, pero menos que en décadas anteriores y, en general, la zona está cambiando a gran velocidad. Si bien en su día se consideraba una zona marginal de la antigua Concesión Francesa, hoy es una de las más prósperas de Shanghái, lo que significa que los precios inmobiliarios, sumados a los efectos de la pandemia, han obligado a muchos vecinos a marcharse. Dicho esto, los visitantes podrán entrar en numerosos locales creativos y aún quedan muchas galerías pequeñas.

Aquí se pueden encontrar desde sombreros hechos a mano y regalos *kitsch* relacionados con la Revolución hasta cerámica artesanal y prendas tradicionales. **Shanghai Code** (上海密码, Shànghǎi Mìmǎ) es una joya: lleva en el negocio unos 20 años y vende monturas de gafas *vintage* de las décadas de 1940 a 1990, así como relojes antiguos y gafas de sol de diseño. **Feiyue** (飛躍, Fēiyuè) es un famoso fabricante de zapatillas de Shanghái –la marca se remonta a los años veinte– y es la respuesta de la ciudad a Converse, con una cómoda suela acolchada perfecta para patear las calles.

Los mejores bares y restaurantes de Tiánzǐfáng

Aquí no faltan lugares donde probar la comida y bebida típicas de la zona.

Panda (熊猫, Xióngmāo), en la calle 240, es un garito con una amplia selección de cervezas de importación.

Bohemia Cafe and Bar, en la calle 248, ofrece cervezas de barril, cócteles, vino y tablas de quesos en mesas al aire libre, en una de las calles más pintorescas, con muchas plantas y farolillos rojos.

Bagels & Schmears Cafe (斯坦福贝果咖啡早餐, Sītǎnfú Bèiguǒ Kāfēi Zǎocān) es ideal para llevar. Sirven *bagels* al estilo neoyorquino, sabrosos y recién horneados, con sabores como "China Town" (con aguacate, beicon, huevo, cheddar y salsa *sriracha*).

Wei Xiang Zhai (味香斋, Wèixiāngzhāi) es excelente, figura en la lista Michelin y lleva sirviendo tallarines desde 1937. La sucursal de Taikang Rd, a la entrada de las calles de Tiánzǐfáng (frente a la estación de Dapuqiao), es reciente, con un limpio comedor estilo cafetería. Los deliciosos cuencos de tallarines humeantes con salsa de sésamo, cerdo especiado y caldo de ternera están muy bien de precio. Suelen formarse colas a mediodía, por lo que es mejor acudir antes, por la mañana, o a última hora de la tarde.

Guinness at Butler & White's ofrece sabores británicos: tienen desayuno inglés tradicional, *cottage pie* o asado, además de un menú vegano y vegetariano con muchas opciones y música en directo los domingos a las 19.00.

Taikang Food Market (泰康菜市场, Tàikāng Càishìcháng) está al lado de Wei Ziang Xhai y es un auténtico "mercado húmedo", con puestos que venden *dumplings* caseros, verduras, pollos, carne, todo tipo de pescado y marisco fresco (incluidos anguilas, ranas y cangrejos vivos), además de tallarines hechos a mano y tofu. Es ideal para empaparse de la vida local (siempre hay que pedir permiso antes de hacer fotos) y comprar ingredientes baratos si el viajero va a cocinar.

Museo Liúli de China

Paseando por Taikang Rd es difícil no ver el nº 25: es el edificio cubierto de 5000 pétalos hechos a mano que pesan 1,5 t. En la década de 1960 era la fábrica de relojes de Shanghái, pero en el 2010 se convirtió en el maravilloso **Museo Liúli de China** (琉璃艺术博物馆, Líulí Yìshù Bówùguǎn), fundado por los artistas taiwaneses Loretta Yang y Chang Yi y lleno de esculturas de cristal.

La colección, de 260 piezas, es impresionante, con algunos curiosos objetos de hace dos milenios. La galería inferior se puede recorrer gratis para ad-

DOUBLE RAINBOW MASSAGE

Después de una buena caminata por Tiánzǐfáng hay que relajarse en **Double Rainbow Massage House** (双彩虹保健按摩厅, Shuāng Cǎihóng Bǎojiàn Ànmó Tīng), una apuesta segura. No es un sitio sofisticado: tiene habitaciones sencillas y básicas, y excelentes (y asequibles) masajes funcionales dados por masajistas con discapacidad visual. Los masajes chinos suelen ser fuertes, por lo que hay que especificar cuánta presión se prefiere.

SFAP MEDIA/GETTY IMAGES ©

mirar la artesanía de los pendientes, hebillas de cinturón y dragones celestiales en exposición. Las plantas 2ª y 3ª acogen exposiciones temporales, que sí son de pago. **SeeSaw Coffee,** en la planta baja, es ideal para descansar entre una exposición y otra, aunque no es lo que se dice barato. En la tienda del museo también se pueden adquirir costosas piezas de vidrio.

MAO LIVEHOUSE
A la vuelta de la esquina de Tiánzǐfáng está uno de los mejores locales de música de la ciudad. **MAO Livehouse** acoge a grandes DJ y grupos internacionales, desde pop y *rock* hasta música electrónica.

EXPERIENCIAS

En bici por el barrio CIRCUITO EN BICI

PLANO: 1 P. 80 E1

Una de las mejores formas de conocer la antigua Concesión Francesa es pedalear por sus calles arboladas, disfrutando de los olores y sonidos de la ciudad. Si bien hay formas más baratas (como alquilar una Hellobike por Alipay), **China Cycle Tours** (中国自行车之旅, Zhōngguó Zìxíngchē Zhī Lǚ) ofrece una tranquila introducción al ciclismo por las calles chinas y muchos datos sobre la vida local (el guía suele ser local y habla inglés).

Una excursión de medio día o de un día ya cubre lo mejor de la ciudad. Los estupendos recorridos de **Shanghai Highlights Tour** visitan el parque de Fùxīng (p. 95) –donde la gente baila, practica taichí, vuela cometas y toca instrumentos por las mañanas– y los animados *shíkumén* de Tiánzǐfáng (p. 90) y Xīntiāndì (p. 84). También se pueden reservar paseos por el campo de Shanghái; alquilan bicicletas de montaña, infantiles y tándem por días o semanas.

Degustar la comida local RUTA GASTRONÓMICA

Shanghái, considerada la capital gastronómica de China, se dice que cuenta con unos 100 000 locales entre los que elegir. Incluso con una guía puede resultar abrumador escoger entre tantas opciones y entre la cantidad de platos regionales que se ofrecen. **UnTour Shanghai** facilita el proceso con inmersiones en la cultura culinaria de la ciudad. Los guías hablan inglés y chino, han comido mucho en cada barrio y conocen los mejores locales y platos.

El excelente **circuito de desayuno** de UnTour muestra cómo se elaboran las tortitas de cebolleta, los tallarines (a mano), y una especie de churros que se fríen en enormes ollas. El animado circuito **Night Eats** recorre los mercados y ofrece un viaje culinario por China, con cervezas locales.

La vida en los parques PARQUES

Shanghái cuenta con más de 500 parques, que ofrecen un agradable paréntesis de las atestadas calles de la ciudad. Son los principales lugares para socializar, pues hay pocos jardines privados; los *lòngtáng* se construyeron sin ellos y los rascacielos no suelen tener espacios verdes comunitarios. Los parques bullen de actividad, sobre todo entre los más mayores. (La edad de jubilación en China es una de las más bajas del mundo: 60 años para los hombres y 55 para las mujeres.) Las mañanas son especialmente concurridas.

En la antigua Concesión Francesa, los parques suelen tener jardines, quioscos de música y bonitos parterres, como los del **parque de Fùxīng** (复兴公园, Fùxīng Gōngyuán; PLANO: 2 P. 80 **G2**). La estu-

LA FANTASMAGÓRICA CALLE DE LOS 'PUBS' DE SHANGHÁI
Yongkang Rd (永康路) tenía una animada vida nocturna. Cuando empezaron a proliferar los bares, los vecinos se inquietaron y el alcalde de Xúhuì se comprometió a cerrarlos en el 2016. La calle es ahora una versión más tranquila. Dos bares evitaron el cierre.

Tap House
PLANO: 5 P. 80 **E3**
Con más de 15 variedades artesanales de barril, este local es conocido por sus excelentes cervezas y sidras.

The Blarney Stone
(巧言石, Qiǎo Yán Shí)
PLANO: 6 P. 80 **E3**
Este *pub* irlandés abrió en el 2001, pero lleva unos años en esta nueva ubicación. Buenas ofertas de tacos los martes.

penda panadería **Fuxing Bakery** (复兴磨坊面包餐厅, Fùxīng Mófāng Miànbāo Cāntīng; PLANO: 3 P. 80 **G2**), al noreste, es ideal para ver gente pasar y sirve deliciosos dulces, desde bollos de manzana y té *earl grey* hasta galletas con malvavisco tostado. El **parque de Xiāngyáng** (襄阳公园; Xiāngyáng Gōngyuán; PLANO: 4 P. 80 **E2**), con sus fuentes, sus plátanos de sombra y amplias avenidas centrales, es otra joya donde a veces se ve a los vecinos entregados a los bailes de salón.

Relajarse con un masaje chino SPA

Los masajes son parte importante de la medicina china desde hace miles de años y forman parte de la vida de los lugareños que se preocupan por su salud. Tal vez un masaje chino tradicional sea la mejor manera de terminar un día de caminatas por la ciudad. La antigua Concesión Francesa cuenta con varias casas de masajes excepcionales que atienden a clientes extranjeros (hablan algo de inglés, hay listas de tratamientos en inglés y diversos estilos para quienes no estén acostumbrados a la dura presión de un masaje chino tradicional).

Zen Massage (PLANO: 7 P. 80 **B3**) es una de las mejores opciones: ofrece masajes chinos de cuerpo entero, masajes con piedras calientes y tratamientos de reflexología, todo ello a precios razonables en un entorno agradable perfumado con aceite; su masaje a cuatro manos es un gustazo. **Dragonfly** (悠庭保健会所, Yōutíng Bǎojiàn Huìsuǒ; PLANO: 8 P. 80 **D2**) y **Flower Fingers** (花指闲, Huā Zhǐ Xián; PLANO: 9 P. 80 **C3**) también son populares entre los extranjeros de Shanghái, con un buen servicio al cliente y masajes de pies especialmente buenos, además de depilación con cera, pedicura y otros tratamientos de belleza.

Recorrer una mansión llena de arte MUSEO DE ARTE

PLANO: 10 P. 80 **D3**
Si apetece ver una extraordinaria colección de obras de arte, hay que

entrar en el **Museo de Artesanía de Shanghái** (上海工艺美术博物馆, Shànghǎi Gōngyì Měishù Bówùguǎn). Está ubicado en una mansión de estilo francés de 1905 que en su día fue la residencia de Chen Yi, el primer alcalde de Shanghái tras la creación de la República Popular China de Mao Zedong en 1949.

Las tres plantas del museo abarcan desde detallados bordados y lacados hasta la fabricación de farolillos, el corte de papel y la talla de jade. Entre las excepcionales piezas se cuentan un colmillo gigante tallado en forma de elaborada escultura decorada con palmeras, un par de extravagantes incensarios de jade y un juego de candelabros de plata muy ornamentados. La primera planta es en parte museo y en parte taller de artistas; se puede ver a los artesanos trabajar y comprar algunos de sus originales.

Explorar el Museo de la Seguridad Pública

MUSEO DE SEGURIDAD

PLANO: 11 P. 80 **G6**

¿Cómo controla China su población? El poco convencional **Museo de la Seguridad Pública de Shanghái** (上海公安博物馆, Shànghǎi Gōng'ān Bówùguǎn) detalla cómo las autoridades chinas combaten la delincuencia y actividades ilegales como las drogas o las apuestas. Los visitantes pueden ver la evolución de los equipos policiales en el tiempo (grilletes, *tasers,* esposas), alijos de drogas incautadas en redadas (opio, cocaína, hachís) y armas confiscadas (incluida una pistola y el estuche de violín en el que se escondía).

Las exposiciones también explican cómo se llevaban a cabo los ahorcamientos en el pasado y los modernos métodos de seguridad que se utilizan hoy en día, como la vigilancia de las calles y el uso de drones. Se necesita el pasaporte para entrar.

Ver arte 'retro' en el Museo de los Carteles Propagandísticos

MUSEO DE DISEÑO

PLANO: 12 P. 80 **A2**

En su nueva sede en Yan'an West Rd, el **Museo de los Carteles Propagandísticos** (宣传画年画艺术中心, Xuānchuánhuà Niánhuà Yìshù Zhōngxīn) es único en su especie, una de las colecciones más extensas (unas 6000 piezas) de carteles comunistas originales de las décadas de 1950, 1960 y 1970. Repletos de emblemas icónicos –campesinos musculosos, estrellas y libros rojos, puños cerrados, tractores rojos, cosechas abundantes–, eran el *marketing* político en su máxima expresión, y ningún líder político generó tanto arte de este tipo como Mao Zedong. La tienda de regalos vende carteles originales y artículos *kitsch.*

La entrada al museo está oculta y no hay señales fuera del edificio, pero al llegar a la 7ª planta se localizará claro.

SUGERENCIAS

Lo mejor para...

Localizaciones en el plano de la **p. 80**

¥ Económico ¥¥ Medio ¥¥¥ Alto

Comer

Locales económicos

Imperial Noodle House (御面馆, Yù Miànguǎn) ¥
13 D2
Garito que sirve deliciosos tallarines hechos a mano con aceite de cebolleta y guarniciones. *8.00-16.00*

Xiang Cai Ren Jia (香菜人家, Xiāngcài Rénjiā) ¥
14 D2
Comida callejera con desayunos; sabrosas tortitas con huevos y aceite de cebolleta. *8.00-13.00*

Jesse (吉士酒楼, Jíshì Jiǔlóu) ¥
15 A5
Poca comida se encontrará en Shanghái mejor que esta: se recomiendan los *dumplings*, pollo a la sal, ternera picante, cangrejo y cerdo estofado. *11.00-16.00 y 17.30-24.00*

Little Peach Garden ¥
16 E3
Cafetería moderna, limpia y luminosa que sirve comidas exprés, como unos *dumplings* moldeados a la perfección. *9.00-20.00*

Cocina china elegante

Din Tai Fung (鼎泰丰, Dǐng Tài Fēng) ¥¥
17 H2
Los legendarios platos de *dumplings* de Shanghái en un elegante salón de la cadena más famosa de Taiwán. *10.00-22.30*

T'ang Court (唐阁, Táng Gé) ¥¥¥
18 H1
Deliciosa comida cantonesa en un elegante comedor con un *dim sum* y cochinillo con dos estrellas Michelin. *11.30-14.00 y 17.30-22.00*

Yongfoo Elite Residence (雍福会, Yōngfú Huì) ¥¥¥
19 B4
No se puede cenar en un sitio más evocador: una impresionante mansión de 1930 repleta de antigüedades y exquisitos platos chinos. *11.30-24.00*

Xibo (锡伯新疆餐厅, Xībó Xīnjiāng Cāntīng) ¥¥
20 C2
Comida callejera de Xīnjiāng y platos de cafetería –brochetas de ternera, cordero con pan, pollo especiado– en un refinado comedor. *12.00-14.30 y 17.30-23.00*

Cocina de Yunnan

Julie's Xiang ¥
21 C2
Ambiente hogareño y rústico, y perfectos platos regionales: saciantes tallarines, montones de verduras y sabrosa ensalada de pollo, chile y lima. *11.00-14.00 y 17.00-21.30*

Southern Barbarian (南蛮子, Nánmánzi) ¥¥
22 E1
Cocina de Yunnan sin glutamato en el básico comedor de un centro comercial algo destartalado. No hay que hacer caso del entorno; los

platos son excelentes: queso de cabra frito con pimienta o cecina con menta. *11.00-14.00 y 17.00-22.00*

Cocina internacional

Egg (蛋, Dàn) ¥

23 D1

Adorable cafetería con impresionante cocina de fusión. Pruébese el *brownie* con pimienta y un café con leche al jazmín. *8.00-18.30*

Lokal (洛卡尔, Luò Kǎ'ěr) ¥¥

24 D2

La última propuesta del grupo Wagas sirve comida sana en un espacio moderno tipo almacén. *9.00-22.00*

Cantina Agave (龙舌兰小馆, Lóngshélán Xiǎoguǎn) ¥¥

25 D2

Un veterano en el panorama de la restauración de Shanghái (lleva aquí casi dos décadas), y con motivo: su magnífica comida mexicana. *11.00-24.00 do-ju, 11.00-2.00 vi-sa*

Beber

Vino

Pudao Wines (葡岛酒业, Púdǎo Jiǔyè)

26 A4

Para escoger entre cientos de vinos llegados de todo el mundo en una tranquila azotea de Ferguson Lane. Celebra catas semanales. *12.00-23.00 ma-do*

Alors (阿洛斯, Ā Luòsī)

27 G4

En la maraña de callejuelas de **Tiánzǐfáng** (p. 90), esta tienda solo vende vino francés, en especial caldos naturales. Excepcional selección de platos. *17.30-hasta tarde*

'Pubs'

Boxing Cat Brewery (拳击猫啤酒屋, Quánjīmāo Píjiǔwū)

28 G3

Un clásico entre los cerveceros, con birras artesanales en rotación y buena comida de *pub*. *11.30-24.00 lu-mi, 11.30-2.00 ju y vi, 10.00-2.00 sa, 10.00-24.00 do*

Abbey Road (艾比之路, Aìbǐzhī Lù)

29 D4

Cerveza barata, *rock* clásico y una agradable terraza: ideal para una noche de verano. *11.00-hasta tarde lu-vi, desde 10.00 sa y do*

Cócteles

Heyday (鼎盛时期, Dǐngshèng Shíqí)

30 A4

Cócteles de primera con *jazz* en directo en un elegante local *art déco*. Los fines de semana toca una banda. *18.30-2.00*

Sober Company (清醒公司, Qīngxǐng Gōngsī)

31 G2

Con tres elegantes espacios de estilo japonés, siempre encabeza las listas de los mejores bares del mundo. Búsquese el bar clandestino. *18.00-2.00 lu-vi, 12.00-2.00 sa-do*

Speak Low (彼楼, Bǐlóu)

32 F3

Un bar clandestino dentro de un bar clandestino dentro de otro bar clandestino. Se entra por la tienda Ocho. En la 2ª planta hay una coctelería y en el piso superior, más sorpresas. *19.00-1.30 do-ju, hasta 2.30 vi y sa*

Sugerencias de lugares para comer y beber en **p. 114**

Explora Jìng'ān

Uno de los barrios más de moda de la ciudad es Jìng'ān (静安, Jìng'ān), al norte del templo de Jìng'ān y West Nanjing Rd. Sus calles arboladas, algo menos pulcras, acogen muchos restaurantes independientes y *boutiques*. Tras el cierre de las calles de fiesta más al sur, muy frecuentadas por expatriados, varios bares y restaurantes se han reubicado entre la arquitectura de época y los *lòngtáng* (callejones) de Jìng'ān. Al norte se encuentra el barrio de las artes, que ocupa antiguas fábricas y el templo budista más famoso de la ciudad. En general, aquí no hay tantos puntos de interés, pero uno puede relajarse y descubrir la vida urbana de Shanghái.

Cómo desplazarse

Metro

Aunque en este barrio hay menos estaciones, el metro sí llega a lugares como el templo de Jìng'ān y West Nanjing Rd.

Bicicleta

Hay bicis de alquiler en casi todas las calles (las azules se desbloquean con la *app* Hellobike en AliPay). Es una forma barata y fácil de recorrer las tranquilas calles de Jìng'ān.

Taxi

Los hay en toda la zona de Jìng'ān; se paran en la calle o se piden en línea a través de Alipay o WeChat.

LO MEJOR

LUGAR SAGRADO Templo del Buda de Jade (p. 106)

SUBCULTURA M50 (p. 108)

EXPERIENCIA EDUCATIVA Museo de Historia Natural de Shanghái (p. 104)

ATISBO DE VIDA BUDISTA Templo de Jìng'ān (p. 112)

GASTRONOMÍA Y VIDA NOCTURNA Found 158 (p. 112)

Museo de Historia Natural de Shanghái (p. 104).
ALEXELA/SHUTTERSTOCK ©

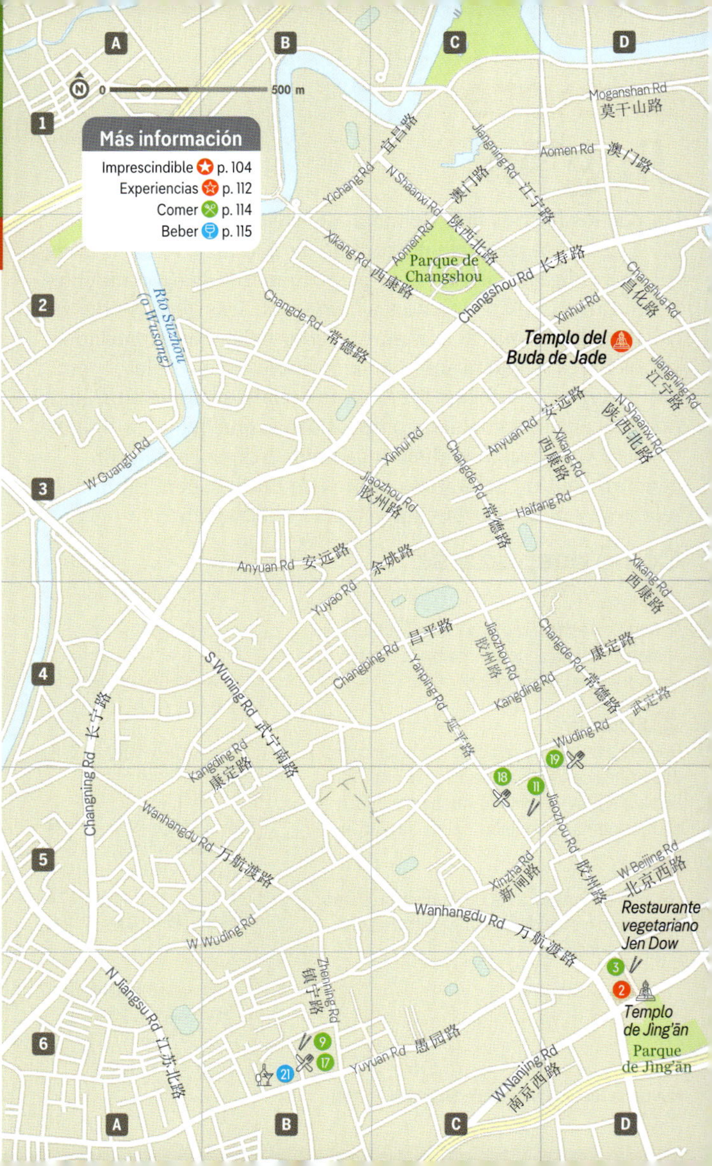
Más información
Imprescindible p. 104
Experiencias p. 112
Comer p. 114
Beber p. 115
0
500 m
A
B
C
D
1
2
3
4
5
6
Templo del Buda de Jade
Parque de Changshou
Restaurante vegetariano Jen Dow
Templo de Jing'ān
Parque de Jing'ān
Río Sūzhōu (o Wusong)
Moganshan Rd 莫干山路
Aomen Rd 澳门路
Jiangning Rd 江宁路
N Shaanxi Rd 陕西北路
Yichang Rd 宜昌路
Xikang Rd 西康路
Changshou Rd 长寿路
Changhua Rd 昌化路
Xinhui Rd
Changde Rd 常德路
Anyuan Rd 安远路
Haifang Rd
Jiaozhou Rd 胶州路
W Guangfu Rd
Yuyao Rd 余姚路
Changping Rd 昌平路
Yanping Rd 延平路
Kangding Rd 康定路
Wuding Rd 武定路
S Wuning Rd 武宁南路
Changning Rd 长宁路
Wanhangdu Rd 万航渡路
Xinzha Rd 新闸路
W Beijing Rd 北京西路
W Wuding Rd
N Jiangsu Rd 江苏北路
Zhenning Rd 镇宁路
Yuyuan Rd 愚园路
W Nanjing Rd 南京西路
2
3
9
11
17
18
19
21

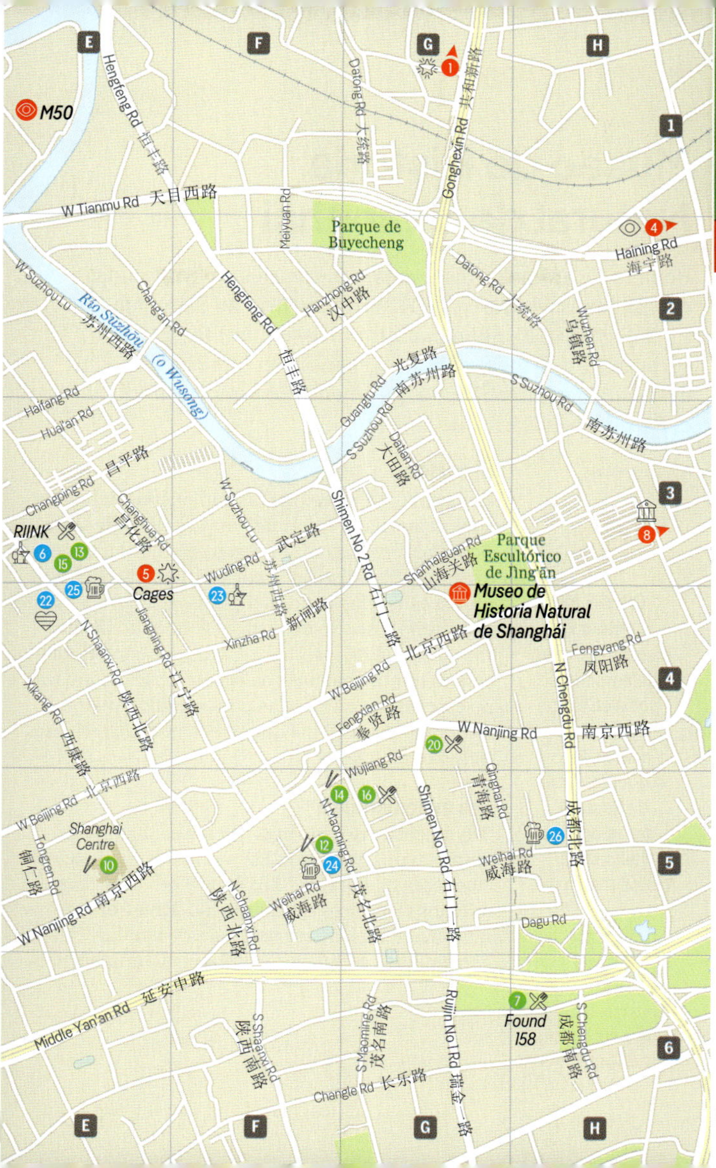
M50
W Tianmu Rd 天目西路
Hengfeng Rd 恒丰路
Parque de Buyecheng
Río Suzhou (o Wusong)
W Suzhou Lu 苏州西路
Changping Rd 昌平路
Changhua Rd 昌化路
RIINK
Cages
Wuding Rd 武定路
Xinzha Rd 新闸路
Shimen No 2 Rd 石门二路
Shanhaiguan Rd 山海关路
Parque Escultórico de Jìng'ān
Museo de Historia Natural de Shanghái
W Beijing Rd 北京西路
Fengxian Rd 奉贤路
W Nanjing Rd 南京西路
N Chengdu Rd 成都北路
Fengyang Rd 凤阳路
Haining Rd 海宁路
Datong Rd 大统路
Gonghexin Rd 共和新路
Wuzhen Rd 乌镇路
S Suzhou Rd 南苏州路
Guangfu Rd 光复路
Hanzhong Rd 汉中路
Datian Rd 大田路
Meiyuan Rd
Chang'an Rd
Haifang Rd
Huai'an Rd
Jiangning Rd 江宁路
N Shaanxi Rd 陕西北路
Xikang Rd 西康路
Shanghai Centre
Tongren Rd 铜仁路
Wujiang Rd
N Maoming Rd 茂名北路
Weihai Rd 威海路
Shimen No 1 Rd 石门一路
Qinghai Rd 青海路
Dagu Rd
Middle Yan'an Rd 延安中路
S Shaanxi Rd 陕西南路
S Maoming Rd 茂名南路
Ruijin No 1 Rd 瑞金一路
Changle Rd 长乐路
Found 158
S Chengdu Rd 成都南路

★ IMPRESCINDIBLE

Museo de Historia Natural de Shanghái

Repleto de animales disecados, dinosaurios y entretenidas exposiciones, el Museo de Historia Natural de Shanghái (上海自然博物馆, Shànghǎi Zìrán Bówùguǎn) fascina y sorprende, y es ideal para pasar un día en familia. También destaca la arquitectura, ya que el edificio está integrado en el Parque Escultórico de Jìng'ān.

PLANO: P. 103 **G4**

CONSEJO
Las entradas se pueden comprar de antemano por WeChat o en el propio museo. Hay que asegurarse de llevar el pasaporte y dedicarle al menos medio día.

Escanea este código QR para consultar las próximas exposiciones del museo.

El museo

Repartidas en cinco plantas, las galerías del museo son numerosas e informativas. Criaturas de tamaño natural protagonizan el espacio: hay animales, aves y reptiles disecados por doquier, y modelos de animales marinos que cuelgan espectacularmente del último piso. No debe pasarse por alto la enorme colección de insectos, pájaros y mariposas del sótano inferior, además de las increíbles muestras de especies diseccionadas para estudios anatómicos, como un pez luna que puede poner trescientos millones de huevos.

Las exposiciones

'Mysterious Beginnings' presenta un análisis empírico de cómo surgió la humanidad y tiene en cuenta la teoría del Big Bang y otros descubrimientos científicos de la historia. **'River of Life'** muestra cientos de animales, desde pandas y leopardos hasta cocodrilos y dinosaurios animatrónicos, mientras que **'Ways of Evolution'** y **'Future Pathways'** presentan fósiles muy antiguos, huevos de dinosaurio y lo que más impresiona: réplicas a tamaño real de esqueletos de dinosaurios, acompañadas de películas hiperrealistas de dinosaurios.

La exposición **'Shanghai Environs'** relata el origen de la ciudad y las criaturas que la habitaron hace cientos de miles de años; otras muestras más pequeñas tratan de nuestra supervivencia, los tesoros de la Tierra y la diversidad ecológica.

El edificio

En forma de espiral como una concha de nautilo y coronado por un terraplén de césped en curva que se funde con el entorno del parque, el edificio del museo merece atención por sí mismo.

En el interior, se puede disfrutar de las vistas desde un atrio acristalado de 30 m de altura con una "pared de células" cónica con forma molecular que representa los organismos vivos de su interior. El tranquilo patio, con un estanque, cascadas y jardines, es ideal para una pausa o un pícnic.

Parque Escultórico de Jìng'ān

En torno al museo hay cuidados jardines salpicados de obras de arte a gran escala creadas por escultores de todo el mundo. Búsquense las vacas de metal que pastan en la hierba, la pirámide de violonchelos, los árboles rojos de metal y los avestruces. Se pueden escanear los códigos QR de WeChat de los carteles situados ante cada escultura saber más sobre cada obra.

En primavera acude gente de todas partes para ver los cerezos en flor al oeste del parque.

UNA PAUSA

El **1868 Cafe** (en la planta B2M del museo) sirve bebidas, además de pastas y bocadillos algo mediocres; es un agradable comedor con muebles *vintage*. A los niños les gustarán las realistas tartas de queso con forma de oso panda y de cerdo.

★ IMPRESCINDIBLE

Templo del Buda de Jade

Uno de los pocos monasterios budistas activos de Shanghái, el templo del Buda de Jade (玉佛寺, Yùfó Sì), construido entre 1918 y 1928, es un impresionante complejo con dos enormes budas tallados en jade puro. Las estatuas se elaboraron en Myanmar y se enviaron a China a finales del s. XIX.

PLANO: P. 102 **D2**

CONSEJO
El templo está muy concurrido durante el Año Nuevo lunar (en torno a febrero), cuando decenas de miles de budistas lo visitan para pedir prosperidad.

Escanea este código QR para consultar horarios de apertura y de ceremonias.

El recinto

Al recorrer el recinto y las salas del templo entre olores de incienso, con sus aleros en curva diseñados para ahuyentar los malos espíritus, uno se siente a un millón de kilómetros de la Shanghái moderna. Durante la Revolución de 1911, el templo original fue ocupado e incendiado por rebeldes. Las estatuas se trasladaron a un lugar seguro, y entre 1918 y 1928 se reconstruyó el nuevo edificio. Los budas de jade están conectados por una serie de pasarelas, jardines con bonsáis, patios tranquilos y puentes (siguiendo las enseñanzas zen para fomentar la atención plena). También es frecuente oír cantar a los monjes.

Salón de los Reyes Celestiales

En el extremo sur del complejo, el **salón de los Reyes Celestiales** alberga las estatuas de los cuatro Reyes Celestiales, que se cree que vigilan los cuatro puntos cardinales de la Tierra. Sobre ellas hay un diseño en tonos dorados, verdes y rojos que representa dragones entrelazados.

Gran Salón

Frente al salón de los Reyes Celestiales se encuentra el **Gran Salón,** de doble alero, que alberga tres budas dorados que representan a Maitreya (el Buda del futuro), Dipamkara (el Buda del pasado) y Shakyamuni (el Buda del presente), sentados en pe-

POWEROFFOREVER/GETTY IMAGES ©

destales bellamente tallados. Veinte *luóhàn* tallados (aquellos que han alcanzado la iluminación y llegan al nirvana al morir) se exhiben en las paredes, y al fondo hay una estatua de Guanyin (el *bodhisattva* de la compasión; Guanyin es una contracción de Guān Shì Yīn, "quien oye los lamentos del mundo"), sobre la cabeza de una tortuga sagrada. Sostiene un jarrón del que mana agua, que representa el rocío de la misericordia.

Salón del Buda de Jade y salón del Buda Reclinado

Al atravesar el Gran Salón, se llega a un tranquilo patio cercado, donde unas escaleras conducen al **salón del Buda de Jade,** en la 2ª planta, que contiene un Buda de jade verde pálido de 1,9 m, tallado en un bloque de piedra de jade de 205 kg. En el **salón del Buda Reclinado** hay un Buda de jade blanco reclinado de 1 m de largo en una urna de cristal, rodeado de ofrendas de flores y frutas. Entrar al salón del Buda de Jade cuesta 10 ¥ más.

UNA PAUSA
El sencillo **restaurante vegetariano del templo del Buda de Jade** (玉佛寺素斋, Yùfó Sì Sùzhāi), en el recinto del templo, tiene largas mesas, *dumplings* baratos, *hotpot* y tallarines.

★ IMPRESCINDIBLE

Comunidad artística M50

Más de 100 artistas han instalado espacios de trabajo en las fábricas y talleres en desuso de M50 (M50创意产业集聚区, M50 Chuàngyì Chǎnyè Jíjùqū). Es el mayor complejo de galerías de arte moderno de Shanghái y la mayoría están abiertas al público y son gratuitas. Las exposiciones abarcan desde instalaciones inmersivas hasta retratos clásicos.

PLANO: P. 102 **E1**

CONSEJO
Hay que calcular al menos medio día para explorar las galerías y espacios, o más si se quiere parar a tomar un café y comer algo.

Galerías

Este barrio moderno y algo desaliñado rebosa talento, con obras de arte que se exponen en más de 50 galerías. Solo hay que pasear por sus calles, entrando y saliendo de los estudios, para ver sus propuestas. No hay que perderse la galería **island6** (六岛, Liù Dǎo; edificio 6), que ofrece arte provocador relacionado con Shanghái, con luces LED en movimiento, escenas *retro* y gráficos icónicos.

ShanghART (香格纳画廊, Xiānggénà Huàláng; edificio 16), otro peso pesado, cuenta con un espacio para albergar grandes obras. **Art Technology Space** acoge psicodélicas exposiciones sensoriales. En la exposición **'Redirect',** por ejemplo, los visitantes utilizaban tecnología digital para sumergirse en un "túnel espaciotemporal", o verse envueltos en la brisa de un bosque. **Pata Gallery** (八大画廊, Bādà Huàláng; edificio 4) es un buen lugar para ver obras de arte chinas, mientras que **Antenna Space** (天线空间, Tiānxiàn Kōngjiān; edificio 17) se centra en nuevos medios y arte de vanguardia.

Arte callejero

Al recorrer el complejo M50, hay que observar las paredes de los estudios, callejuelas y trozos de maquinaria de fábrica: sus decoraciones cambian a menudo.

EQROY/SHUTTERSTOCK ©

Cafeterías

Bela Fiesta (edificio 11) es un bar-restaurante filipino en el centro del complejo M50, con una tranquila terraza exterior perfecta cuando hace buen tiempo. El chef sirve *tocilog* (arroz con cerdo dulce), *bansilog* (sabalote con arroz) y adobo de pollo, entre otros populares platos filipinos. **Nod Cafe** (3ª planta, edificio 11) es el lugar de moda, con cervezas, café y postres en un espacio minimalista con una pequeña terraza.

Tiendas

Espace Pebeo (协商贝碧欧, Xiéshāng Bèi Bì Ōu; edificio 0) vende pinturas al óleo y otros materiales artísticos de calidad. Algunas galerías ofrecen regalos artísticos y creaciones, y muchas de las pinturas murales y obras de arte están a la venta (aunque no tengan puesto el precio). Muchas galerías también ofrecen envíos al extranjero.

UNA PAUSA
Los viernes, sábados y domingos por la noche, **Bela Fiesta** ofrece música en directo, sesiones de micro abierto y vinos y cervezas locales.

CIRCUITO A PIE

Descubrir la exclusiva Jìng'ān

Un paseo por el barrio más exclusivo y por sus calles arboladas, salpicadas de villas históricas, *shíkùmén* (casas con puertas de piedra) bien conservadas y parte de la arquitectura más diversa de Shanghái. Aquí hay una iglesia, una sinagoga y la antigua casa de Mao Zedong, el fundador de la República Popular. También hay un buen sitio para comer y beber cerveza.

INICIO	FINAL	DURACIÓN
Metro de West Nanjing Rd	Xībó	2 km; 1½ h

1 Viviendas tradicionales

Desde la salida 14 del **metro de West Nanjing Rd,** hay que ir a las **casas de Bubbling Well Rd** (静安别墅; búsquese el nº 1111), uno de los pocos complejos de viviendas *lòngtáng* que quedan en Shanghái. Estas casas de ladrillo se construyeron entre 1928 y 1932, antes de que Bubbling Well Rd se convirtiera en West Nanjing Rd. En los primeros tiempos de la Concesión Internacional de Shanghái los límites de la ciudad llegaban hasta aquí. West Nanjing Rd sigue siendo una de las zonas más exclusivas de la ciudad.

2 Casa de Mao Zedong

Bajando por North Maoming Rd se llega a la **antigua casa de Mao Zedong** (毛泽东旧居, Máo Zédōng Jiùjū), donde el revolucionario vivió con su familia en 1924. En las estancias hay fotos antiguas, recortes de periódico y humildes objetos domésticos de Mao. El edificio en sí es un *shíkùmén* maravillosamente conservado. La mayoría de las descripciones están en chino; habrá que usar una *app* de traducción.

3 Jardín de Prada

Siguiendo hacia el oeste por Weihai Rd, se gira a la derecha por North Shaanxi Rd, donde se observará una enorme y preciosa **casa ajardinada** con columnas de tres pisos en el nº 186. En su día perteneció a Rong Zongjing, uno de los empresarios más poderosos de Shanghái, y ha sido restaurada con esmero, por dentro y por fuera, por el grupo Prada.

4 Gran iglesia de Shanghái

También por Shaanxi Rd se llega a la **Grace Church** (怀恩堂; Huái'ēn Táng) en el nº 375, una de las iglesias más grandes de Shanghái, con capacidad para 2000 fieles. Antes baptista y ahora protestante, su campanario original fue construido por misioneros estadounidenses en 1910. Para echar un vistazo al interior hay que asistir a un oficio dominical (en chino e inglés).

5 Casa de Raquel

Más al norte aún se llega a la **sinagoga Ohel Rachel** (拉结会堂, Lājié Huìtáng) en el nº 500. Data de 1920 y fue construida por sir Jacob Sassoon en honor de su difunta esposa Rachel. Fue la primera de las siete sinagogas construidas en Shanghái (solo quedan dos). Se puede visitar por dentro reservando un circuito con Shanghai Jews (shanghaijews.com).

6 Parada para comer

Si se vuelve sobre los pasos se hallarán buenos restaurantes. Dos están cerca del metro de West Nanjing Rd, donde empezó el paseo. **Xibo** cocina a la perfección platos de Xinjiang en un entorno elegante. **FatPho** sirve boles de *pho* (sopa vietnamita) en un espacio tipo cafetería.

EXPERIENCIAS

Asistir a un espectáculo en el Shànghǎi Circus World
CIRCO

PLANO: 1 P. 104 G1

Motos acrobáticas que dan vueltas en una enorme esfera, artistas aéreos que parecen desafiar las leyes de la gravedad, impresionantes acróbatas... El **Shànghǎi Circus World** (上海马戏城, Shànghǎi Mǎxìchéng) es un circo que funciona seis días a la semana desde el 2005 (salvo un paréntesis durante la pandemia). El renovado espectáculo *ERA2 - Spirit of Shanghai* se inauguró en el 2024 con acrobacias aún mayores. Se llega fácil con la línea 1 del metro, justo al norte de Jìng'ān. Hay que reservar las entradas en línea (shcircusworld.com).

Recorrer el templo de Jìng'ān
TEMPLO BUDISTA

PLANO: 2 P. 104 D6

Aunque ha sido renovado en numerosas ocasiones, el **templo de Jìng'ān** (静安寺, Jìng'ān Sì) original data del año 1216; durante la Revolución Cultural, fue despojado de sus estatuas budistas y convertido en una fábrica de plásticos. Hoy es un espacio relajante, aunque acorralado por el capitalismo, con relucientes centros comerciales a su alrededor. Sin embargo, en cuanto se cruzan sus puertas uno se ve transportado: monjes cantando, el sonido melódico de los carillones de viento...

El impresionante **salón Mahavira** tiene 46 pilares y un Buda de plata de 8,8 m en el centro. En el **salón Guanyin** hay una estatua del *bodhisattva* Guanyin tallada en un alcanforero milenario. Se recomienda el excelente y económico **restaurante vegetariano Jen Dow** (人道素菜小吃, Réndào Sùcài Xiǎochī; PLANO: 3 P. 104 D6), en la parte trasera del complejo.

El templo se abarrota durante el Año Nuevo lunar y el Festival de Bañar al Buda (el octavo día del cuarto mes lunar).

Visitar una obra maestra brutalista
ARQUITECTURA

PLANO: 4 P. 104 H2

Los aficionados a la fotografía y la arquitectura deben dirigirse a Hóngkǒu, algo al norte de Jìng'ān, para explorar el edificio **1933** (上海1933老场坊, Shànghǎi 1933 Lǎochǎngfáng), una obra maestra brutalista de hormigón, y recorrer sus inquietantes y laberínticos pasillos y escaleras dignas de Escher, con puentes elevados y ganchos donde antes colgaba el ganado (antaño fue un matadero).

Explorar un centro gastronómico subterráneo
COMPLEJO DE OCIO

PLANO: 7 P. 104 H6

Found 158 (找到 158, Zhǎodào 158), conocida localmente como la Ciudad Hundida, es un complejo de restaurantes, bares y locales de música en directo bajo el parque Yanzhong. Aquí se encuentra el loable **JZ Club** (爵士俱乐部, Juéshì Jùlèbù), uno de los referentes de la escena jazzística de Shanghái, con un programa de artistas internacionales y locales en directo la mayoría de las noches, y **El Santo,** un divertido local mexicano con tequila, buenos tacos de pescado, quesadillas y crujientes churros.

El local turco **Pera** (佩拉, Pèi Lā) es el referente para probar una *shisha,* hummus y *baklavas,* mientras que **Nomad** (游牧者 Yóumù Zhě), de inspiración marroquí, es otra buena opción, con carnes y mariscos a la parrilla. Los aficionados a la cerveza pueden pedir aquí un dispensador de tres litros de Stella Artois, Hoegaarden o Goose IPA.

Conocer la historia de los refugiados judíos MUSEO

PLANO: 8 P. 104 **H3**

En el corazón del gueto judío, justo al norte de Jìng'ān, se encuentra la **sinagoga Ohel Moishe** y el **Museo de los Refugiados Judíos** (摩西会堂, Móxī Huìtáng). La sinagoga fue erigida en 1928 por la comunidad judía rusa askenazí, y en el 2020 reabrió el **Museo de los Refugiados Judíos** tras una importante reforma, con excelentes exposiciones (en inglés y chino) que muestran las vidas de algunos de los cerca de 23 000 refugiados judíos centroeuropeos que huyeron a Shanghái para escapar de los nazis.

Tres salas de exposiciones permiten ver el interior de la sinagoga, con miles de objetos de la comunidad judía local. Los paneles didácticos muestran las rutas de huida que los refugiados utilizaron durante la guerra y los artículos que llevaron consigo. Se relatan los testimonios de unos 160 judíos, junto con vídeos y reconstrucciones.

¡A JUGAR!

En Jìng'ān hay bares muy divertidos, y tres de los mejores son los siguientes:

Cages (凯吉思, Kǎijísī)

PLANO: 5 P. 104 **E3**

En la 3ª planta del centro de deportes de Jìng'ān, este bar deportivo del tamaño de una nave industrial tiene desde boleras y mesas de billar a canastas de baloncesto y minicampos de fútbol.

RIINK

PLANO: 6 P. 104 **E3**

Una pista de patinaje *retro* en un bar que sirve comida y cócteles, además de una pista de baile con DJ en directo. Fiestas temáticas de disfraces cada semana.

El Santo (p. 114; 158 Julu Rd, 巨鹿路158号)

VÉASE PLANO: 7 P. 104 **H6**

Con una legendaria noche de trivial los miércoles, acompañada de margaritas y tacos. Organiza Ned Kelly, residente desde hace tiempo.

SUGERENCIAS

Lo mejor para...

¥ Económico ¥¥ Medio ¥¥¥ Alto

Localizaciones en el plano de la **p. 102**

Comer

Comida china sofisticada

Fu 1088 (福1088) ¥¥¥
9 B6
En los 17 salones de una villa de los años treinta repleta de antigüedades chinas, un servicio de guante blanco sirve platos elegantes y clásicos shanghaineses. *11.00-14.00 y 17.30-23.00*

Din Tai Fung (鼎泰丰, Dǐng Tài Fēng) ¥¥¥
10 E5
Sucursal de una cadena de *dumplings* de Taiwán que son una apuesta segura. Excelentes *dumplings* de sopa *xiǎolóngbāo* de cerdo y cangrejo con un servicio impecable. *11.00-15.00 y 17.00-22.00 lu-vi, 11.00-22.00 sa y do*

Bastard ¥¥¥
11 C5
Excelente cocina china en un espacio moderno y elegante. Las combinaciones de sabores son creativas y arriesgadas. *18.00-24.00 lu-ju y do, 18.00-0.30 vi y sa*

Xibo (锡伯新疆餐厅, Xībó Xīnjiāng Cāntīng) ¥¥
12 F5
Sofisticada comida de Xīnjiāng con brochetas de cordero especiadas, pan tradicional, patatas fritas y sabrosas ensaladas. *11.30-14.30 y 17.30-22.00*

Sabores en español

El Santo (埃尔桑托, Āi'er Sāngtuō) ¥
véase 7 H6
Grandes murales de estilo mexicano y tacos clásicos de pescado, cerdo, chorizo y ternera. *17.00-2.00 lu-ju, desde 11.00 vi-do*

Commune Social (食社, Shíshè) ¥¥¥
13 E3
Este sencillo pero elegante restaurante, del famoso chef británico Jason Atherton, presenta sensacionales tapas inspiradas en España, Inglaterra y Asia. *11.30-14.30 y 17.30-22.00 ma-do*

Azul ¥¥
véase 13 E3
Buenos platos españoles, sudamericanos y mediterráneos servidos en un animado espacio. *11.00-23.00*

Comida callejera

Yang's Fry Dumplings (小杨生煎馆, Xiǎoyáng Shēngjiān Guǎn) ¥
14 F5
Los *dumplings* de cerdo *sheng jianbao* a la sartén de esta cadena son adictivos. Se acompañan de salsa Worcestershire de Shanghái o vinagre. *10.00-22.00*

Homeslice Pizza (斯莱仕披萨, Sīláishì Pīsà) ¥
15 E3
Pizzería moderna sin florituras que sirve grandes porciones de masa fermentada al estilo neoyorquino y *pizzas* enteras gigantes. Todos los sabores habituales. *11.00-23.30*

Little Catch (小捕捉, Xiǎo Bǔzhuō) ¥

16 G5

Boles *poke* con marisco y pescado fresco de calidad. Se acompaña de *kombucha* casera. *10.30-21.00*

Cafeterías

Brut Eatery (悦璞食堂, Yuèpú Shítáng) ¥¥

17 B6

Una mezcla entre China y California en esta acogedora cafetería con mesas comunales. Destaca el pollo frito con gofres a las seis especias. *8.00-22.00*

Toasty by O'Mills ¥¥

18 C5

Buena parada matutina, con pan recién hecho, cafés y bollería, además de sabrosos platos de desayuno. *8.00-22.00*

Alimentari & Degusteria ¥¥

19 D4

Local de estilo italiano con suelos de baldosas y paredes desgastadas que sirve excelentes *brunches*. Huevos benedictinos, boles de granola con fruta, tablas de quesos y paninis. *10.00-24.00*

Starbucks Reserve Roastery (星巴克烘焙工坊店, Xīngbākè Hōngbèi Gōngfāngdiàn) ¥¥

20 G4

Vale la pena visitar el que fuera Starbucks más grande del mundo (hasta que fue desbancado en Tokio en el 2019) por sus variedades de café únicas y un museo de estilo Willy Wonka. *7.00-23.00*

Beber

Bares íntimos

Wine Universe

21 B6

Pequeño local con una interesante selección de vinos internacionales, maridados con tablas de quesos y embutidos. Los mejores vinos están al fondo, bajo llave. *15.00-2.00*

Roxie

22 E4

El principal bar lésbico de Shanghái es un sitio acogedor para codearse con mujeres *queer*. *18.00-2.00*

Black Note (黑胶唱片爵士酒吧, Hēijiāo Chàngpiàn Juéshì Jiǔbā)

23 F4

Evocador ambiente nocturno, como un garito de *jazz* de los años treinta; buena selección de *whiskies*, y los clientes pueden escoger los discos de *jazz* que suenan en el equipo de música. *19.00-2.00 lu-sa*

Cervecerías

Goose Island Brewhouse (鹅岛啤酒厂, É Dǎo Píjiǔ Chǎng)

24 F5

Cervezas blanca, rubia, ámbar y marrón servida de grifos con forma de cabeza de ganso; está en un local tipo almacén de dos plantas; entre los aperitivos hay pollo frito con cerveza. *13.30-24.00 do-ju, hasta 2.00 vi y sa*

The Shed (大棚, Dàpéng)

25 E4

Pintas internacionales y cervezas artesanales en un bar deportivo con TV que emiten partidos en directo. *11.00-hasta tarde*

BrewDog (酿酒狗, Niàngjiǔ Gǒu)

26 H5

La sucursal de Shanghái de la cervecería escocesa sirve más de dos docenas de cervezas, como Dead Pony Club y Punk IPA, y cervezas invitadas en rotación. *11.30-24.00*

Sugerencias de lugares para comer, beber y comprar en p. 129

Explora Pǔdōng

Pǔdōng muestra la cara más futurista de Shanghái. Barrio famoso por sus altísimos rascacielos junto al río que parecen atravesar las nubes, es aquí donde se ve el futuro arquitectónico, con fantásticos edificios que roban el protagonismo, como la torre de televisión Perla Oriental, con sus tres esferas bulbosas, o el Shànghǎi World Financial Center, que parece un abrebotellas. Aquí, además, las vistas del Bund al otro lado del río recuerdan el pasado. Después de tanto estirar el cuello y de subir a plataformas de observación, hay que relajarse en los magníficos locales de copas, galerías de arte en Shànghǎi Disneyland.

Cómo desplazarse

Tren Maglev

Las experiencias futuristas empiezan ya en el aeropuerto internacional de Pǔdōng, donde un tren de levitación magnética transporta a los pasajeros, a hasta 300 km/h, a la estación de Longyang Road y a los rascacielos a orillas del río Huángpǔ.

Taxi

Pueden pararse en todo Pǔdōng para traslados de punto a punto o reservarse a través de una *app* de viajes compartidos.

Bicicleta

A casi todos los lugares de interés se llega fácilmente a pie. Para visitar los que están algo más alejados, se puede alquilar una bici y recorrer el paseo Riverside.

Torre de televisión Perla Oriental (p. 124).

LO MEJOR

VISTAS URBANAS Torre de televisión Perla Oriental (p. 124)

A PIE Y EN BICI Paseo Riverside (p. 120)

CHUTE DE ADRENALINA Torre Jīnmào (p. 122)

EDIFICIO VERTIGINOSO Torre de Shanghái (p. 128)

DIVERSIÓN EN FAMILIA Shànghǎi Disneyland (p. 127)

A
B
C
D
1
2
3
4
5
6
Huangpu Rd 黄浦路
Río Huángpŭ
Túnel de Xinjiang Rd
Riverside Ave 滨江大道
Jardín de la Perla
Huangpu River Cruise - Pudong
Muelle de Pearl
5
Torre de televisión Perla Oriental
Túnel panorámico del Bund
Fenghe Rd 丰和路
陆家嘴环路
Lujiazui Ring Rd
9
Riverside Ave 滨江大道
明珠塔路
Mingzhuta Rd
Lujiazui 陆家嘴站
PŬDŌNG
Century Ave 世纪大道
W Lujiazui Rd
Museo de Arte de Pŭdōng
1
18
15
17
Fucheng Rd 富城路
Lujiazui Ring Rd 陆家嘴环路
Parque Riverside
12
10
Túnel de East Yan'an Rd
E Zhongshan No 1 Rd 中山东一路
Huayuanshiqiao Rd 花园石桥路
3
Museo Aurora
Túnel de Renmin
Renmin Rd 人民路
11
Río Huángpŭ
E Zhongshan No 2 Rd 中山东二路

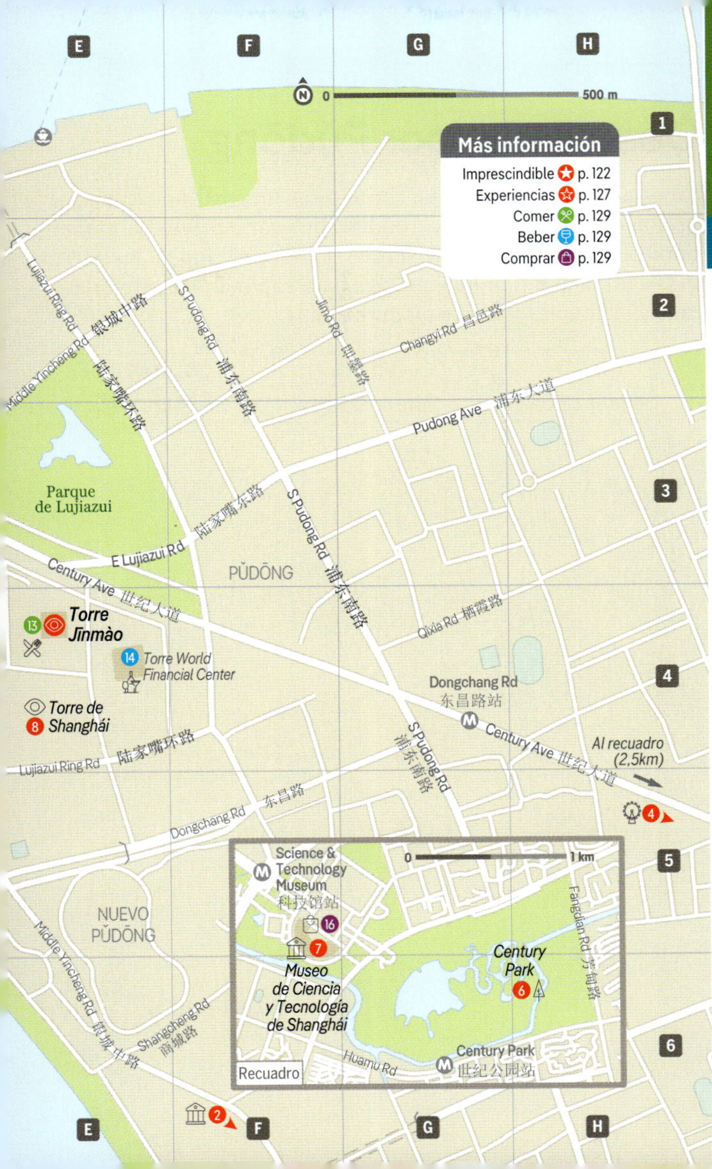
E
F
G
H
1
2
3
4
5
6
0
500 m
Más información
Imprescindible p. 122
Experiencias p. 127
Comer p. 129
Beber p. 129
Comprar p. 129
Lujiazui Ring Rd
Middle Yincheng Rd 银城中路
陆家嘴环路
S Pudong Rd 浦东南路
Jinqiao Rd 即墨路
Changyi Rd 昌邑路
Pudong Ave 浦东大道
Parque de Lujiazui
E Lujiazui Rd 陆家嘴东路
PŬDŌNG
Century Ave 世纪大道
13
Torre Jīnmào
14
Torre World Financial Center
Torre de Shanghái
8
Qixia Rd 栖霞路
Dongchang Rd
东昌路站
Lujiazui Ring Rd 陆家嘴环路
Al recuadro (2,5km)
4
Dongchang Rd 东昌路
NUEVO PŬDŌNG
Middle Yincheng Rd 银城中路
Shangcheng Rd 商城路
2
Science & Technology Museum
科技馆站
0
1 km
16
7
Museo de Ciencia y Tecnología de Shanghái
Century Park
6
Fangdian Rd 芳甸路
Huamu Rd
Century Park
世纪公园站
Recuadro

CIRCUITO A PIE

Deambular por Pŭdōng

En este paseo, que combina estructuras futuristas de ciencia ficción con un tranquilo y frondoso bulevar a orillas del río, es donde Shanghái se luce de verdad. Pŭdōng es uno de los barrios más agradables e impresionantes para caminar, con avenidas anchas y limpias y torres modernísimas.

INICIO	FINAL	DURACIÓN
Metro de Lujiazui	Torre de Shanghái	4 km; 2-4 h

❶ Torre controvertida

Muy cerca del metro de Lujiazui (salida uno) se encuentra un edificio ineludible y que genera opiniones encontradas: la **torre de televisión Perla Oriental,** con sus esferas rosadas, parece salida de una película de fantasía. En la segunda bola rosa hay una vertiginosa pasarela circular panorámica que se puede recorrer.

❷ Paseo agradable

Al salir de la torre, se va hacia el oeste por Fenghe Rd y se gira a la izquierda en Pleasure Cruise Boat Wharf para recorrer un tramo del **paseo Riverside,** con preciosas vistas del Bund al otro lado del agua. Un camino para peatones y ciclistas se extiende 20 km hacia el sur; es una frondosa ruta ribereña con muchos lugares donde comer y beber.

❸ Hotel vertiginoso

Se sigue el tramo curvo del paseo Riverside hacia el sur y se cruza el parque Riverside hasta Fucheng Rd, junto al edificio Citigroup. Entonces, hay que dirigirse hacia el espectacular del hotel **Pudong Shangri-La** (浦东香格里拉大酒店, Pǔdōng Xiānggélǐlā Dàjiǔdiàn), con forma de V y 36 plantas, que alberga, además, el magnífico restaurante francés Jade on 36, ideal para un almuerzo elegante.

❹ Vistas panorámicas

Luego se va en dirección noreste por Huayuanshiqiao Rd, dejando atrás las torres gemelas del International Financial Centre a la izquierda; la estilizada **torre Jīnmào** aparecerá a la izquierda. Se sube al mirador de la planta 88ª, con vistas panorámicas de Shanghái y que permite ver el inmenso atrio dorado que hay debajo.

❺ El abrebotellas

Siguiendo al este, se cruza la calle hasta el **Shànghǎi World Financial Center** (上海环球金融中心, Shànghǎi Huánqiú Jīnróng Zhōngxīn), con forma de abrebotellas, que se eleva 492 m hacia el cielo y tiene tres miradores, en las plantas 94ª, 97ª y 100ª. Cuando se terminó en el 2007, era el segundo edificio más alto del mundo.

❻ El tercer edificio más alto del mundo

Se retrocede por Huayuanshiqiao Rd en dirección al río, pero se hace antes una pausa para admirar la espiral de la **torre de Shanghái,** el tercer edificio más alto del mundo, con 632 m de altura, 121 plantas y el observatorio a mayor altura del planeta en la planta 118ª. Se sube en ascensor hasta el techo de Shanghái antes de volver al paseo Riverside y girar a la derecha por West Lujiazui Rd para regresar a la estación de metro.

★ IMPRESCINDIBLE

Torre Jīnmào

La torre Jīnmào (金茂大厦, Jīnmào Dàshà) fue el edificio más alto de China entre el 2007 y el 2019, y sigue siendo uno de los más emblemáticos. Este rascacielos *art déco,* que se asemeja a una pagoda, es un bloque de oficinas de 88 plantas con un hotel y un mirador. Los aficionados a las emociones fuertes disfrutarán de la pasarela exterior de su cornisa.

PLANO: P. 118 **E4**

CONSEJO
Si el día está despejado, hay que ir a Jīnmào al atardecer para disfrutar de las vistas crepusculares. Para entrar se necesita el pasaporte.

Escanea este código QR para comprobar el tiempo si se quiere salir a la pasarela exterior.

Mirador

En Pŭdōng hay estupendos miradores, como el que toca las nubes en el Shànghăi World Financial Center o los que hay en las tres esferas rosas de la **torre Perla Oriental.** El de la torre Jīnmào, no es tan alto, pero ofrece una de las mejores experiencias gracias a sus vistas de 360º, el precio relativamente bajo de la entrada y las colas cortas. El **mirador de Jīnmào** se encuentra en la planta 88ª y se accede a él desde un edificio independiente que hay a un costado de la torre principal.

Pasarela exterior

Para un chute de adrenalina, los más atrevidos pueden salir sujetos con un arnés a un cable y recorrer la pasarela **JM Tower Skywalk,** en la misma planta 88ª. Los instructores llevan a los participantes a una plataforma de 1,2 m de ancho, donde pueden asomarse por el lateral y sentir el viento a 360 m sobre el nivel de la calle. Los más valientes pueden incluso hacer equilibrios con una pierna fuera e inclinarse hacia atrás sin manos.

Como parte de la experiencia (taquilla en la planta baja), el visitante recibe una caja de regalo con una foto, un certificado y una medalla que acreditan que se ha recorrido la pasarela.

YAORUSHENG/GETTY IMAGES ©

Grand Hyatt

Uno de los hoteles a mayor altitud del mundo y uno de los mejores lugares para pernoctar en Shanghái es el elegante **Grand Hyatt** (金茂君悦大酒店, Jīnmào Jūnyuè Dàjiǔdiàn), que ocupa 34 plantas de la torre Jīnmào (de la 53ª a la 87ª) y al que se accede por el lado sur del edificio. Su vertiginoso atrio de 33 plantas es todo un espectáculo (y también puede contemplarse desde arriba, desde el mirador de la torre).

Un dato curioso es que tiene la bajante de ropa sucia más larga del mundo, desde la planta superior hasta el sótano, y está equipada con un sistema para frenar el rapidísimo descenso de la colada. Las opciones para comer y beber en el hotel son extraordinarias, con ocho restaurantes y bares, como **On 56,** donde se ve en acción a los cocineros; **Canton,** para una cena china contemporánea de lujo, y **Kobachi,** para un magnífico *sushi, sashimi* y *yakitori*.

UNA PAUSA
Para disfrutar de las vistas sin pagar entrada, pero con un cóctel o una copa de champán en la mano, hay que ir al lujoso **Cloud 9,** en la planta 87ª del Grand Hyatt.

★ IMPRESCINDIBLE

Torre de televisión Perla Oriental

Probablemente el edificio moderno más característico de la ciudad, la torre de televisión Perla Oriental (东方明珠广播电视塔, Dōngfāng Míngzhū Guǎngbō Diànshì Tǎ) es de visita obligada por sus impresionantes vistas de 360º y el paseo de vértigo por una pasarela con suelo de cristal. El veloz ascensor lleva hasta las esferas rosas en apenas 45 segundos.

PLANO: P. 118 **C2**

CONSEJO
Es mejor elegir un día despejado para visitar la torre: las vistas serán más amplias y saldrán mejores fotos. O acudir de noche, cuando Shanghái parece la ciudad de *Blade Runner*. Hay que llevar pasaporte.

Escanea este código QR para reservar las entradas para la torre.

Miradores

Si bien desde la mayoría de los pisos de la torre hay magníficas vistas de Shanghái, las dos galerías panorámicas principales de la Perla Oriental son la **esfera central,** una planta panorámica a 263 m de altura y el **observatorio transparente,** única pasarela circular transparente de 360º del mundo (no apta si se tiene vértigo).

La pasarela se eleva 259 m sobre las calles y da la sensación de caminar por el aire. Desde aquí, uno se siente muy pequeño al contemplar la metrópoli de hormigón en apariencia interminable. Las vistas abarcan la Ping An Financial Tower (de 599 m), el Shànghǎi World Financial Center (el edificio de techo plano más grande del mundo, con 492 m), la torre Jīnmào (con forma de pagoda china y 420 m de altura) y la torre de Shanghái (el tercer edificio más alto del mundo, con 632 m).

Hay vistas sin obstáculos del histórico Bund, al otro lado del río Huángpǔ, y en días despejados se ve hasta la plaza del Pueblo. Alrededor de todo el mirador, unos paneles informativos señalan las estructuras más significativas a lo lejos. Un consejo: como todo el mundo sale a la vez del ascensor, evítese competir por hacerse con el sitio con mejores vistas. Es mejor recorrer el mirador y volver después a ese sitio.

SERGEY_BOGOMYAKO/SHUTTERSTOCK ©

Museo de la Historia de Shanghái

La entrada a la torre incluye una visita al fascinante **Museo de la Historia de Shanghái,** en la planta baja, donde se relata la historia y el desarrollo urbano de la ciudad, desde la aldea primitiva de hace 6000 años hasta ser la tercera ciudad más grande del planeta (después de Nueva Deli y Tokio). Las maquetas y escenas inmersivas incluyen más de 1000 objetos y 100 figuras de cera, además de transportes primitivos, desde *rickshaws* hasta coches de época a tamaño real.

En los evocadores pasillos se suceden escenas de los primeros comerciantes, herreros y fabricantes de carretillas, antes de que el puerto de Shanghái cambiara la ciudad con el tratado y la llegada de los extranjeros. Los occidentales trajeron desde tribunales mixtos hasta arquitectura

UNA PAUSA

City Plaza, muy cerca de la torre a pie, tiene una sucursal del excelente **Yang's Fry Dumplings** (p. 129), justo enfrente de la entrada norte de la torre.

de fusión y opio (hay un simulacro de fumadero que muestra dónde y cómo se fumaba).

Es buena idea fijarse en las imágenes de las villas de la antigua Concesión Francesa y buscarlas luego en un **circuito a pie** (p. 82) por la zona. No hay que perderse la detallada maqueta *vintage* en miniatura de East Nanjing Rd, con ventanas iluminadas, vallas publicitarias y coches antiguos.

Game City

Game City, 98 m más arriba, es un salón recreativo, con juegos clásicos como canastas de baloncesto y una montaña rusa diferente: los visitantes se suben al cochecito con unas gafas de realidad virtual. El vídeo los lleva entre las nubes para ver algunos de los edificios más famosos de Shanghái; incluso cruza el abrebotellas del Shànghǎi World Financial Center. Al lado hay un cine 5D, que sumerge a los visitantes hasta el fondo del océano en un viaje de 7 min con peces, tiburones y una ballena que se los traga de un bocado. Lo de 5D es exagerar un poco: son básicamente burbujas que bajan del techo.

Otras atracciones

Hay muchas otras atracciones en las innumerables alturas de la torre, como la **planta panorámica del Módulo Espacial,** situada en la tercera y más pequeña de las tres esferas rosas de la torre. Es una experiencia novedosa, decorada como una nave espacial e ideal para los niños. Hay que pagar un suplemento (con antelación) para disfrutar de una vista similar pero desde una mayor altura, a 351 m.

También está el espectáculo multimedia **'Updating City'** (incluido en el paquete Sky Walking Value), que consiste en una exposición futurista a 78 m de altura, con salas inmersivas y vídeos panorámicos con efectos digitales hiperrealistas de lo que será Shanghái dentro de 70 años.

RESTAURANTE GIRATORIO

El **restaurante giratorio** a mayor altura de Asia (en la segunda esfera rosa) es una experiencia de 2 h (hay que reservar al menos un día antes), con un bufé chino y occidental y un suelo giratorio.

Y PARA DORMIR...

Para unas vistas exclusivas sin el gentío, hay que reservar habitación en **230 Sphere Hotel,** a 230 m de altura, y ver la ciudad desde la cama.

EXPERIENCIAS

Visitar los museos de arte de Pŭdōng MUSEOS DE ARTE

Pŭdōng cuenta con varias galerías de arte importantes, como el **Museo de Arte de Pŭdōng** (浦东美术馆, Pŭdōng Měishùguăn, PLANO: 1 P. 118 **B3**), repartido en seis plantas, con más de una docena de salas que muestran las obras más apreciadas y que dan que pensar sobre la China tradicional y moderna.

El **Museo de Arte de China** (中华艺术宫, Zhōnghuá Yìshùgōng; PLANO: 2 P. 118 **F6**) se encuentra en la extraordinaria estructura del pabellón de China de la Exposición Universal, una pirámide roja invertida de cinco plantas. Exhibe arte moderno y una colección permanente de arte chino nacionalista.

El **Museo Aurora** (中华艺术宫, Zhōnghuá Yìshùgōng; PLANO: 3 P. 118 **C4**) es imprescindible si se buscan tesoros chinos, desde jade y porcelana hasta esculturas budistas. Está repleto de valiosas antigüedades y objetos que datan desde el Neolítico hasta la dinastía Qing.

Subir a la montaña rusa más rápida de Disney PARQUE TEMÁTICO

PLANO: 4 P. 118 **H5**

Shànghăi Disneyland (上海迪士尼乐园, Shànghăi Díshìní Lèyuán) tiene mucho gancho y atrae a visitantes de todo el mundo.

Este parque temático es bastante más barato que los de París y Orlando, pues la entrada estándar ronda los 500 ¥. Cuenta con ocho zonas temáticas, incluida **Zootopia** (la última, inaugurada en el 2023) y el **castillo encantado** más grande de la historia de Disney. Aunque quienes no hablan chino lo pasarán bien en la mayoría de las atracciones, hay excepciones: la de **Piratas del Caribe: la Batalla del Tesoro Hundido** mezcla efectos de alta definición generados por ordenador con una atracción acuática, pero se narra en chino (dicho esto, igualmente se disfruta un montón). También destaca la rapidísima y futurista **TRON**

CIRCUITOS EN BARCO

Tanto los ferris turísticos como los públicos operan desde varios puntos de Pŭdōng. **Huangpu River Cruise** (PLANO: 5 P. 118 **B2**; salida desde el **muelle de Pearl,** al final de Fenghe Rd) ofrece recorridos de 1 h con maravillosas vistas del Bund y el horizonte de Pŭdōng (a precios inflados).

Para presupuestos más justo están los ferris de cercanías: más de una docena cruzan con frecuencia desde Pŭdōng a Pŭxī, en el este. El muelle más cercano al de Huangpu River Cruise está unos 5 km al sur, en el paseo Riverside. Cuesta unos pocos yuanes (solo efectivo) y sale al menos cada 30 min.

Lightcycle Power Run, una montaña rusa que alcanza velocidades de 97 km/h.

El parque tiene muchos restaurantes, pero son mediocres, por lo que es mejor comer fuera del recinto, en Disneytown, donde hay restaurantes que gustan mucho, como Blue Frog (comida occidental de primera), Lian (vietnamita y tailandesa) y la excelente Paper Stone Bakery (con bocadillos para llevar).

Respirar aire fresco en el Century Park

PARQUE

PLANO: 6 P. 118 **H6**

El **Century Park** (世纪公园, Shìjì Gōngyuán) es el mayor parque de Shanghái, cuyos amplios espacios y cuidado césped se extienden por el extremo oriental de Century Ave. Las familias acuden aquí de pícnic o a descansar tras visitar el Museo de Ciencia y Tecnología, que está al lado. Se puede volar una cometa, pasear en barca por el gran lago central o alquilar una bici tándem o de cuatro ruedas para visitar los jardines y bosques. En primavera, florecen miles de ciruelos.

Aprender sobre robots en un museo

MUSEO DE CIENCIA

PLANO: 7 P. 118 **F5**

Actualmente en obras, el **Museo de Ciencia y Tecnología de Shanghái** (上海科技馆, Shànghǎi Kējìguǎn) reabrirá a finales del 2025, y promete ser aún más innovador, vanguardista y respetuoso con el medio ambiente. Se mantienen exposiciones anteriores como *Aeroespacial, Era de la información, La tierra, Biozoología* y *Mundo robot* (con robots que resuelven cubos de Rubik y arqueros mecánicos), pero se actualizarán con novedades como IA, realidad virtual e interacción persona-ordenador. También están modernizando los cines IMAX y 4D, que prometen mejores efectos.

Subir a las alturas de Shanghái

MIRADOR

PLANO: 8 P. 118 **E4**

Bienvenidos al edificio más alto de China (y el tercero del mundo): la **torre de Shanghái** (上海中心大厦, Shànghǎi Zhōngxīn Dàshà). Con sus 632 m de altura y su forma en espiral, toca las nubes casi todos los días y ofrece vertiginosas vistas desde uno de los observatorios más altos de la Tierra: el **Skydeck,** en la planta 118ª de las 128 que tiene la torre. Llegar al Skydeck es toda una experiencia, pues el ascensor acelera como un cohete –diseñado por Mitsubishi–, a 64 km/h.

Desde tamañas alturas, los visitantes pueden contemplar la cima de la torre Jīnmào y el Shànghǎi World Financial Center, y tomar un café en una de las cafeterías a mayor altura del mundo. Las entradas a la torre de observación incluyen el ascenso a la planta 126ª, para asistir al futurista espectáculo Sky 632 Summit, que proyecta luces y láseres sobre una piedra de jade gigante. Para entrar se necesita pasaporte.

Lo mejor para...

Localizaciones en el plano de la p. 118

¥ Económico ¥¥ Medio ¥¥¥ Alto

Comer

Almuerzos

Yang's Fry Dumplings (小杨生煎馆, Xiǎoyáng Shēngjiān Guǎn) ¥
9 D2
Estupendos *dumplings*. *8.00-21.00*

Eli Falafel (黎巴嫩美食, Eli Falafel Líbānèn Měishí) ¥
10 C4
Cremosos hummus, ensaladas *fattoush* y *wraps* de falafel, para tomar y para llevar. *11.00-23.00*

Blue Frog (蓝蛙, Lán Wā) ¥¥
11 A5
Buenos platos de EE UU, desde hamburguesas y filetes a ensaladas César y desayunos calientes.

Cenas

Jade on 36 (翡翠36, Fěicuì 36) ¥¥¥
12 C4
Alta cocina francesa con influencias asiáticas. *11.30-14.00 lu-vi, 11.00-14.30 sa y do y 17.30-22.00 lu-do*

On 56 (意庐, Yìlú) ¥¥¥
13 E4
Tres restaurantes en la planta 56 del Grand Hyatt. *11.30-14.30 y 17.30-22.30*

Beber

Cócteles

Cloud 9 (九重天酒廊, Jiǔchóngtiān Jiǔláng)
véase 13 E4
En el Grand Hyatt, este bar ofrece buenos cócteles y vistas. *17.00-1.00 lu-vi, 14.00-2.00 sa y do*

100 Century Avenue (世纪大道100号, Shìjì Dàdào Yībǎi Hào)
14 E4
Cócteles de autor y vistas fantásticas. *18.00-1.00 lu-ju, hasta 2.00 vi y sa*

Flair
15 D3
Elegantes interiores y terraza al aire libre en la planta 58ª del International Financial Centre. *17.30-hasta tarde*

Comprar

Centros comerciales

AP Xinyang Fashion & Gifts Market (亚太新阳服饰礼品市场, Yàtài Xīnyáng Fúshì Lǐpǐn Shìchǎng)
16 F5
Enorme mercado de bolsos, chaquetas, gafas y relojes a precios de saldo. Se regatea duro; ojo a las falsificaciones. *10.00-20.00*

IFC Mall (上海IFC商场, Shànghǎi IFC Shāngchǎng)
17 D3
Sofisticado centro comercial con marcas de diseño como Louis Vuitton, Prada y Cartier. *10.00-22.00*

Superbrand Mall (正大广场, Zhèngdà Guǎngchǎng)
18 C3
Centro comercial con las típicas marcas, restaurantes y un súper. *10.00-22.00*

Sugerencias de lugares para comer, beber y comprar en **p. 139**

Explora Xújiāhuì

Una extensión de la antigua Concesión Francesa, Xújiāhuì (徐家汇) alberga un magnífico jardín botánico, una de las pagodas más espectaculares de China y un sinfín de tiendas en torno a una vibrante intersección de cinco calles iluminada por una esfera gigante de LED.

La fascinante historia de Xújiāhuì se percibe por todas partes. Fue un importante asentamiento jesuita en el s. XVII, orden que construyó la catedral neogótica de San Ignacio, con dos altos chapiteles, en honor a su santo fundador. La que en su día se conoció como "la iglesia más grandiosa de Extremo Oriente" sigue llamando la atención entre la arquitectura futurista de Xújiāhuì.

Cómo desplazarse

Metro

A Xújiāhuì llegan las líneas 1, 9 y 11, por lo que está bien comunicada. Las principales líneas de tren procedentes de otras partes de China paran en la estación sur de Shanghái.

Taxi

Los hay por todo Xújiāhuì, y los traslados punto a punto se pueden reservar a través de *apps* de viajes compartidos.

A pie

El centro se recorre fácilmente a pie; para los puntos de interés algo más alejados, mejor usar bici o taxi.

LO MEJOR

PAGODA ANTIGUA Templo y pagoda de Longhua (p. 134)

ARTE DE PRIMERA Museo Long (p. 138)

JARDINES TRANQUILOS Jardines botánicos de Shanghái (p. 138)

EXPERIENCIA EVOCADORA Museo del Cine de Shanghái (p. 138)

A PIE Paseo del oeste del Bund (p. 138)

Catedral de San Ignacio (p. 137).
CYO BO/SHUTTERSTOCK ©

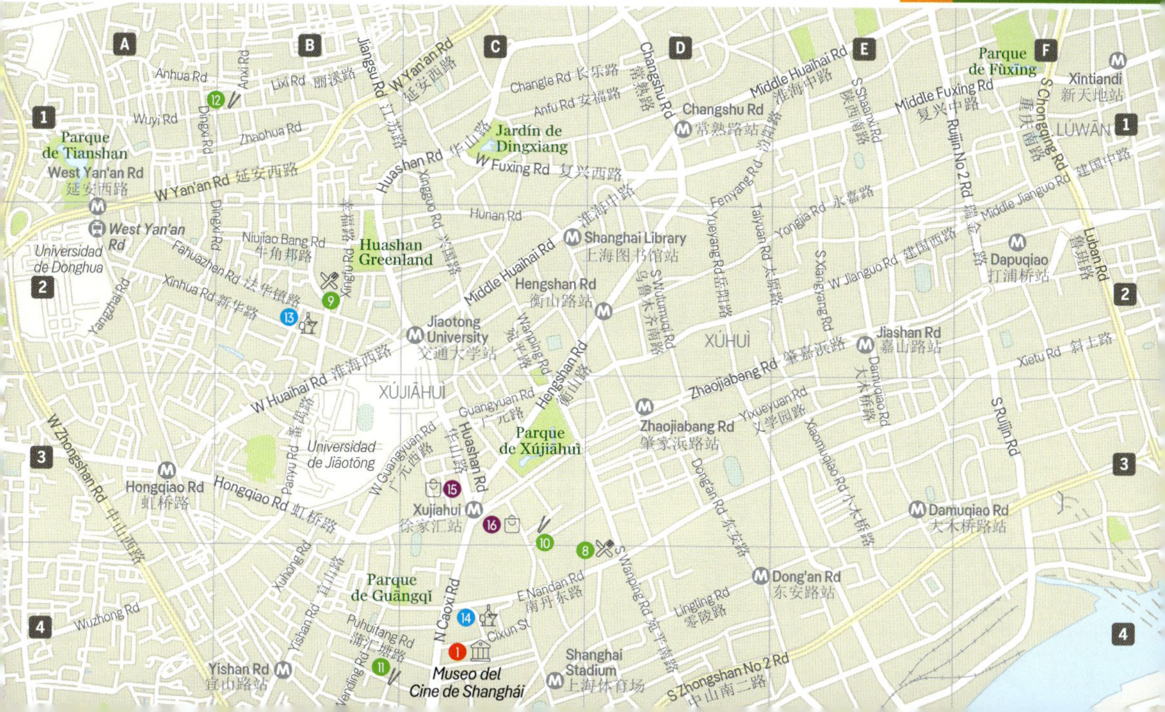
Parque de Tianshan
West Yan'an Rd
延安西路
West Yan'an Rd
Universidad de Donghua
Anhua Rd
Wuyi Rd
Dingxi Rd
Anxi Rd
Zhaohua Rd
Lixi Rd 丽溪路
W Yan'an Rd 延安西路
Jiangsu Rd 江苏路
W Yan'an Rd 延安西路
Niujiao Bang Rd 牛角邦路
Fahuazhen Rd 法华镇路
Xinhua Rd 新华路
Yangzhai Rd
Xingfu Rd 幸福路
Huashan Greenland
Huashan Rd 华山路
Xingguo Rd 兴国路
Hunan Rd
Jardín de Dingxiang
W Fuxing Rd 复兴西路
Changle Rd 长乐路
Anfu Rd 安福路
Changshu Rd 常熟路
Changshu Rd 常熟路站
Middle Huaihai Rd 淮海中路
Shanghai Library 上海图书馆站
Hengshan Rd 衡山路站
Middle Huaihai Rd
Jiaotong University 交通大学站
W Huaihai Rd 淮海西路
XÚJIĀHUÌ
Wanping Rd 宛平路
Hengshan Rd 衡山路
Guangyuan Rd 广元路
Parque de Xújiāhuì
Universidad de Jiāotōng
Panyu Rd 番禺路
W Guangyuan Rd 广元西路
Huashan Rd 华山路
Hongqiao Rd 虹桥路
Hongqiao Rd 虹桥路
W Zhongshan Rd 中山西路
Xujiahui 徐家汇站
Xuhong Rd
Yishan Rd 宜山路
Parque de Guāngqǐ
Puhuitang Rd 蒲汇塘路
Wuzhong Rd
Yishan Rd 宜山路站
Vending Rd
N Caoxi Rd
Cixun St
Museo del Cine de Shanghái
E Nandan Rd 南丹东路
Shanghai Stadium 上海体育场
S Wanping Rd 宛平南路
Lingling Rd 零陵路
Dong'an Rd 东安路
Dong'an Rd 东安路站
S Zhongshan No 2 Rd 中山南二路
Zhaojiabang Rd 肇家浜路站
Zhaojiabang Rd 肇嘉浜路
Yixueyuan Rd 医学院路
Xiaomuqiao Rd 小木桥路
XÚHUÌ
S Wulumuqi Rd 乌鲁木齐南路
Yueyang Rd 岳阳路
Taiyuan Rd 太原路
Fenyang Rd 汾阳路
S Xiangyang Rd
Yongjia Rd 永嘉路
W Jianguo Rd 建国西路
Jiashan Rd 嘉山路站
Damuqiao Rd 大木桥路
S Shaanxi Rd 陕西南路
Middle Fuxing Rd 复兴中路
Ruijin No 2 Rd 瑞金二路
Middle Jianguo Rd 建国中路
Dapuqiao 打浦桥站
Luban Rd 鲁班路
Xietu Rd 斜土路
S Ruijin Rd
Damuqiao Rd 大木桥路站
Parque de Fùxīng
S Chongqing Rd 重庆南路
Xintiandi 新天地站
LÚWĀN
A
B
C
D
E
F
1
2
3
4
1
2
3
4
1
8
9
10
11
12
13
14
15
16

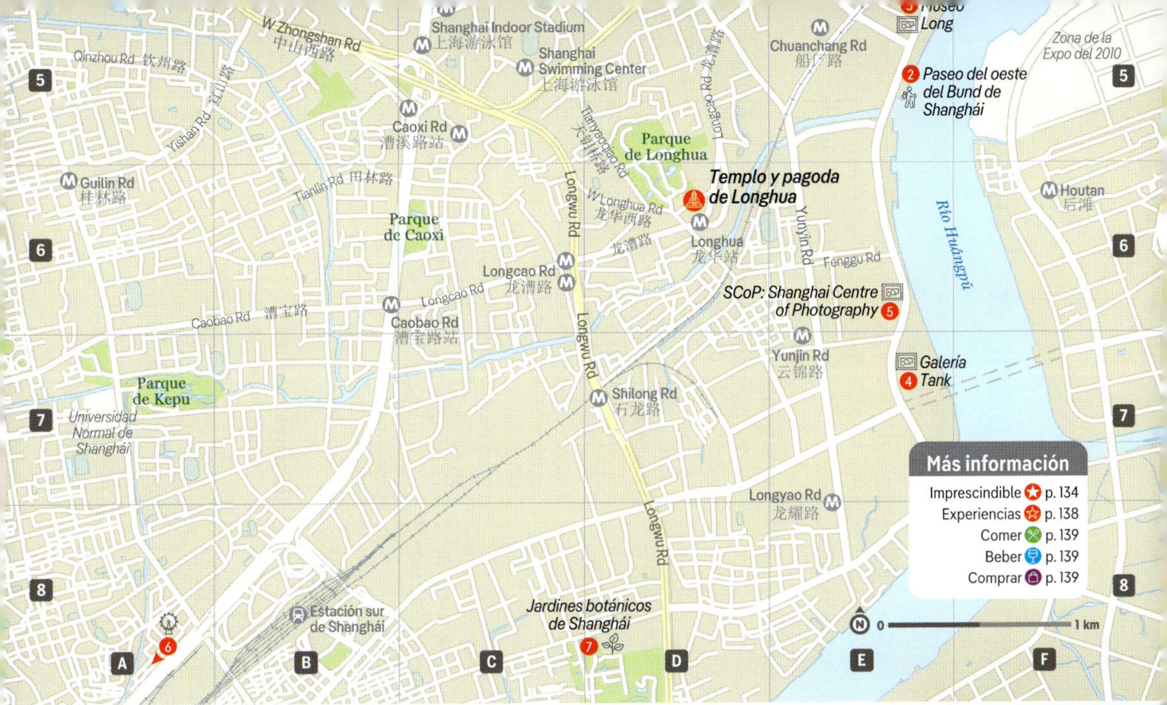
Museo Long
Paseo del oeste del Bund de Shanghái
Zona de la Expo del 2010
Shanghai Indoor Stadium
上海游泳馆
W Zhongshan Rd
中山西路
Shanghai Swimming Center
上海游泳馆
Chuanchang Rd
Qinzhou Rd 钦州路
Yishan Rd
Caoxi Rd
漕溪路站
Parque de Longhua
Templo y pagoda de Longhua
Tianyaoqiao Rd
Longcao Rd
W Longhua Rd
龙华西路
Longhua
龙华站
Houtan
后滩
Río Huángpǔ
Guilin Rd
桂林路
Tianlin Rd 田林路
Parque de Caoxi
Longwu Rd
龙漕路
Yunyin Rd
Fenggu Rd
Longcao Rd
龙漕路
SCoP: Shanghai Centre of Photography
Caobao Rd 漕宝路
Caobao Rd
漕宝路站
Yunjin Rd
云锦路
Galería Tank
Parque de Kepu
Shilong Rd
石龙路
Universidad Normal de Shanghái
Más información
Imprescindible p. 134
Experiencias p. 138
Comer p. 139
Beber p. 139
Comprar p. 139
Longyao Rd
龙耀路
Estación sur de Shanghái
Jardines botánicos de Shanghái
0
1 km
A
B
C
D
E
F
5
6
7
8

★ IMPRESCINDIBLE

Templo y pagoda de Longhua

El templo y pagoda de Longhua (龙华寺、龙华塔, Lónghuá Sì y Lónghuá Tă), llamado así por la *lónghuá shu* (higuera) bajo la cual Buda alcanzó la iluminación, es el monasterio más antiguo de Shangái (año 242). Es el mayor complejo de templos de la ciudad, con salones sagrados y una extraordinaria pagoda.

PLANO: P. 132 **D6**

CONSEJO
Cuenta la leyenda que el tercer día del tercer mes lunar (fin mar-ppios abr), unos dragones visitan el templo para conceder deseos. También es un buen momento para ver los melocotoneros en flor.

Escanea este código QR para reservar un guía para la visita a Longhua.

Salón principal

En total hay cinco salones principales: **Mile Dian** (弥勒殿, salón de Maitreya), **Tianwang Dian** (天王殿, salón de los Reyes Celestiales), **Daxiongbao Dian** (大雄宝殿, Gran Salón del Gran Sabio), **Sansheng Dian** (三圣殿, salón de los Tres Sabios) y **Xiao Fu Dian** (salón del Buda Sonriente).

En el salón del Buda Sonriente se sientan cuatro enormes reyes celestiales que protegen de las fuerzas malignas de los puntos cardinales. En el Daxiongbao Dian hay un Shakyamuni (Buda) dorado sentado sobre una flor de loto y adornado con flores, mientras que el Sansheng Dian alberga una trinidad dorada de estatuas budistas sobre anillos de fuego. En el campanario hay una campana de cobre de 2 m de altura fundida en 1894. En Nochevieja se hace sonar para celebrar el año que entra.

Jardines y recinto

La **Gran Puerta de Pailou** conduce al recinto del templo, decorado con farolillos rojos, donde unos patios rodeados de bonsáis y melocotoneros dan a varias salas religiosas. Estos terrenos fueron un campo de internamiento y lugar de ejecución durante la masacre de Shanghái de 1927, cuando el Partido Nacionalista Chino (el Kuomintang) asesinó a los sospechosos de ser comunistas.

SARUNYU L/SHUTTERSTOCK ©

Cuesta imaginar tales atrocidades en este apacible lugar, donde los fieles se postran y queman incienso en grandes hogueras, que llenan el aire de "olores divinos" que, según se dice, invocan la presencia de los dioses budistas. Los monjes viven aquí y a menudo se les ve cruzar el recinto, cantando y rezando, mientras los árboles en flor embriagan en primavera. Es uno de los lugares más evocadores de la ciudad.

Pagoda de Longhua

Conocida por la película de Steven Spielberg de 1987 *El imperio del sol,* la ornamentada **pagoda de Longhua,** con su forma octogonal, se encuentra frente a la entrada del complejo y se alza hasta los 44 m de altura. Erigida en el año 977, conserva la base original, y cada uno de sus siete pisos tiene un balcón y un tejado con aleros curvos. Se cree que contiene *sharira* (reliquias de Buda). A los visitantes no se les permite subir, pero es un lugar estupendo para hacer fotos evocadoras.

UNA PAUSA
La cantina de tallarines vegetarianos de Longhua sirve caldos con verduras o sucedáneos de carne por 10 ¥; los comensales sorben codo con codo en grandes mesas de madera.

CIRCUITO A PIE

Paseo por la agradable Xújiāhuì

Varios centros comerciales futuristas se congregan en torno a una intersección de cinco vías muy concurrida donde lo mejor es el ajetreo. Todas las miradas se dirigen al punto más famoso de la zona, la gigantesca esfera de Metro City, iluminada por 3000 LED, pero también se verá una imponente catedral y un observatorio histórico.

INICIO	FINAL	DURACIÓN
Metro de Xújiāhuì	Harley's Back Room	2 km; 1 h

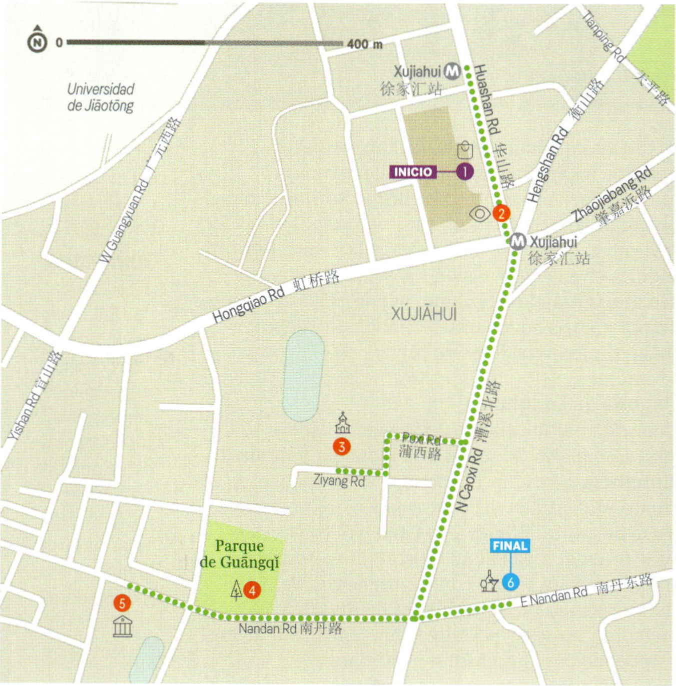

1 Grand Gateway

Partiendo de la salida 16 del metro de Xújiāhuì, se camina hacia el sur por Huashan Rd hasta **Grand Gateway 66,** con su gigantesca claraboya de cristal y siete plantas de firmas de diseño, como Gucci, Calvin Klein o Lacoste. Aquí también se ocultan algunos buenos restaurantes, como una sucursal de Din Tai Fung, legendario local de *dumplings,* y un buen *izakaya.*

2 Maravillosa intersección

Explorar una intersección puede parecer una idea extraña, pero quienes busquen una instantánea de la vibrante vida de Shanghái deben acudir aquí. Solo hay que subir los escalones hasta la **pasarela elevada** al sur de Grand Gateway y pasmarse ante la vorágine a los pies. La gigantesca esfera eléctrica de Metro City brilla al este.

3 Catedral neogótica en Shanghái

Siguiendo en dirección sur por North Caoxi Rd se llega a la **catedral de San Ignacio** (徐家汇天主教堂, Xújiāhuì Tiānzhǔjiàotáng), diseñada por el arquitecto inglés William Doyle entre 1906 y 1910. Tiene unos impresionantes chapiteles gemelos e hileras de amenazadoras gárgolas para ahuyentar a los malos espíritus. Es la actual sede del obispado de Shanghái.

4 Un parque apacible

Se camina hacia el sur y se gira a la derecha por East Nandan Rd para llegar al **parque de Guāngqǐ** (光啟公园, Guāngqǐ Gōngyuán), a la derecha, con su imponente cruz. Este frondoso parque, que debe su nombre al erudito y científico cristiano del s. XVII Xu Guāngqǐ, considerado el primer chino en establecer intercambios culturales con Occidente, es agradable para empaparse de la vida local, con vecinos bailando y practicando taichí.

5 Observatorio histórico

Más al oeste, en el lado opuesto de East Nandan Rd, se alza el elegante **observatorio de Xújiāhuì,** construido por los jesuitas en 1872, que recuerda la histórica apertura de Shanghái a las ideas extranjeras. Fue uno de los primeros centros modernos de investigación científica de China y ha proporcionado valiosos hallazgos, como la predicción de un el tifón en 1879.

6 Cerveza en el Back Room

Hay que retroceder por East Nandan Rd y cruzar en la intersección para llegar a uno de los garitos originales de Shanghái, el **Harley's Back Room,** antaño el lugar al que acudían las bandas a tocar en el cutre sótano. Aquí se encontrará cerveza y *rock* duro.

EXPERIENCIAS

Caminar por la alfombra roja del Museo del Cine

MUSEO DEL CINE

PLANO: 1 P. 132 **C4**

En la década de 1930, Shangái producía más del 90% de las películas de China. El **Museo del Cine de Shanghái** (上海电影博物馆, Shànghǎi Diànyǐng Bówùguǎn) relata la historia del cine en la ciudad. Los visitantes acceden a través de un pasillo con alfombra roja en la que se simulan aplausos y *flashes*. Dentro hay exposiciones sobre los primeros cineastas y sus equipos, así como docenas de retratos de las estrellas de los años veinte y treinta, con atrezo y vestuario originales. El colofón es un antiguo plató cinematográfico interactivo de Shanghái.

Ver arte en el oeste del Bund

GALERÍAS DE ARTE

A lo largo del **paseo del oeste del Bund de Shanghái** (上海西岸步行街, Shànghǎi Xī'àn Bùxíngjiē; PLANO: 2 P. 132 **E5**), la "milla de los museos", hay una serie de excelentes galerías. El paseo junto al río Huángpǔ es ideal para pasear, correr, e ir en bici y en monopatín.

Entre estos espacios artísticos están el **Museo Long** (龙美术馆, Lóng Měishùguǎn; PLANO: 3 P. 132 **E5**), de cuatro plantas, donde se exponen arte contemporáneo de vanguardia y antiguos objetos chinos en un imponente edificio industrial brutalista. La **Galería Tank** (油罐艺术中心空间展, Yóug Guàn Yìshù Zhōngxīn Kōngjiān Zhǎn; PLANO: 4 P. 132 **E7**) es un edificio también espectacular, con obras de arte en los antiguos tanques de almacenamiento del aeropuerto de Longhua; en el **SCoP: Shanghai Centre of Photography** (上海摄影艺术中心, Shànghǎi Shèyǐng Yìshù Zhōngxīn; PLANO: 5 P. 132 **E6**) se organizan exposiciones temporales de fotografía conceptual, documental y de retratos.

Recorrer extensos jardines

JARDINES BOTÁNICOS

PLANO: 7 P. 132 **D8**

Los **jardines botánicos de Shanghái** (上海植物园, Shànghǎi Zhíwùyuán) cuentan con 200 Ha de pinares, jardines de hierbas y peonías, y exóticos invernaderos. Hay senderos donde abruman los colores y el volumen de las flores. También se puede navegar por los canales y alquilar bicicletas. En la entrada dan mapas gratuitos para planificar la ruta. Los invernaderos son de pago.

SUBIR A UNA MONTAÑA RUSA

En Xújiāhuì, las emociones fuertes se encuentran en el **parque de atracciones 'retro' de Jinjiang** (锦江乐园, Jǐnjiāng Lèyuán; PLANO: 6 P. 132 **A8**), un poco a las afueras de la ciudad, pero fácilmente accesible en el metro de Jinjiang Park. Montañas rusas, norias, tren fantasma... ¡Diversión para toda la familia!

Lo mejor para...

¥ Económico ¥¥ Medio ¥¥¥ Alto

Localizaciones en el plano de la **p. 132**

Comer

Sabores internacionales

Blue Frog (蓝蛙, Lán Wā) ¥¥
8 D4
Lugar de referencia en Shanghái, con delicias occidentales y *brunches* de fin de semana. *10.00-1.00 do-ju, hasta 1.30 vi y sa*

El Bodegón ¥¥
9 B2
Asador argentino decorado con recuerdos de fútbol (altar de Maradona incluido), con estupendas carnes y vinos. *17.00-22.30 lu-vi, 12.00-22.30 sa y do*

Locales asiáticos

Lemongrass (柠檬草, Níngméng Cǎo) ¥
10 C3
Alegre restaurante tailandés con curris, arroz y tallarines a buen precio en un comedor sencillo. *11.00-0.30*

Saigon Mama (西贡妈妈, Xīgòng Māmā) ¥
11 B4
Hay que probar su *pho* vietnamita: el caldo, las verduras y la carne son magníficos. *10.00-22.00*

Din Tai Fung (鼎泰丰, Dǐng Tài Fēng) ¥¥
véase 15 C3
Sabrosos *xiǎolóngbāo* (un tipo de *dumpling*) en media docena de combinaciones. *10.00-22.00*

Lotus Eatery (云之缘, Yún Zhī Yuán) ¥¥
12 B1
Cocina de Yunnan, con platos como ensalada de menta y especias, y flores de plátano salteadas. Para los intrépidos, insectos. *11.30-22.30*

Beber

Favoritos de los locales

Cotton's (棉花酒吧, Miánhuā Jiǔbā)
13 B2
En una villa preciosa, Cotton's es toda una institución. Para tomar un vino junto a una chimenea o en la terraza. *11.00-2.00*

Harley's Back Room (哈雷, Hāléi)
14 C4
Uno de los garitos de *rock* originales de Shanghái, con música en directo, cerveza barata y mucho carácter. *17.00-2.00*

Comprar

Supermercados y centros comerciales

Grand Gateway 66 (港汇恒隆广场, Gǎnghuì Hénglóng Guǎngchǎng)
15 C3
Inmenso centro comercial de alta gama con diseñadores, marcas internacionales y muy buenos restaurantes. *10.00-22.00*

Metro City (美罗城, Měiluó Chéng)
16 C3
Marcas chinas, bonitas tiendas de regalos y una enorme librería junto a un cine. *10.00-22.00*

华美大药房
BAC
原上海
创建于1942年
上海市第一食品商店
First Foodhall
TITONI
江苏阳光集团公司
BALENO
悦荟 mosaic

Guía práctica

East Nanjing Rd (p. 57).

Viajar en familia

Tal vez Shanghái no se tenga por ideal para un viaje en familia, pero, si se quieren crear recuerdos inolvidables para los niños, esta ciudad se lleva la palma. Las atracciones más grandes, más rápidas y más altas están aquí.

Los niños adoran Shanghái

Ya en el aeropuerto internacional de Pŭdōng se quedan boquiabiertos al subir al tren Maglev, que llega a la ciudad a una velocidad de vértigo. Luego están los letreros luminosos, los horizontes futuristas y las vistas desde los miradores, además de los parques temáticos. Un pícnic en un parque les permitirá correr a sus anchas, y las visitas a museos alimentan su curiosidad.

PARQUES TEMÁTICOS

Algunas familias vienen solo por **Disneyland** (p. 127), que ofrece diversión para un fin de semana entero. Además, el precio es razonable: los pases diarios para adultos cuestan menos de la mitad que en París u Orlando, y los menores de cuatro años (o que midan menos de 1 m) entran gratis.

Atracciones de interior

En días lluviosos no faltan opciones para los niños: enormes museos, centros deportivos cubiertos, parques temáticos. Cantar a pleno pulmón en una sala privada de karaoke es un éxito asegurado -muchas están decoradas con luces de colores y cuentan con disfraces-. Los cines suelen proyectar éxitos de taquilla internacionales en inglés, con subtítulos en chino.

Comer fuera

No suele haber menú infantil. Comer al estilo chino suele significar compartir platos. Los restaurantes internacionales sí ofrecen raciones para niños.

Transporte

Un adulto puede llevar gratis en el metro a dos niños (menores de 130 cm).

Precios de entrada

Los precios de las entradas infantiles se fijan en función de la altura. Por ejemplo, los niños que miden menos de 130 cm entran gratis en el **Museo de Ciencia y Tecnología** (p. 128) y en el **Museo de Historia Natural** (p. 104). Entre semana hay menos gente.

Alojamiento

Shanghái ofrece todo tipo de alojamientos. Y, por suerte, las tarifas son bajas para los estándares de las grandes ciudades occidentales.

Si te gusta...

Comer

En la **antigua Concesión Francesa** (p. 79) hay hoteles-*boutique* y diminutos locales para comer, como los que sirven desayunos en el cruce de Xiangyang Rd con Changle Rd. En todo el barrio hay también muchas opciones de gama media y alta.

Arquitectura

Los lujosos hoteles de la zona del **Bund** (p. 35) están rodeados de arquitectura neoclásica y neogótica. Aquí, algunos hoteles se encuentran en edificios emblemáticos envueltos en leyendas... y elementos *art déco* originales.

Vistas

Lujiazui, en **Pǔdōng** (p. 117), es donde se concentran los rascacielos, y en algunos de ellos hay hoteles. Las vistas del río Huángpǔ y más allá son impresionantes.

Vida en la gran ciudad

La **plaza del Pueblo** (p. 49) es el epicentro de la vida de Shanghái. El horizonte es tan impresionante como el del Bund y Pǔdōng, con edificios *art déco* y rascacielos futuristas.

Ahorrar

Xújiāhuì (p. 131) está un poco alejado, pero bien conectado en metro desde los barrios del interior de Shanghái. Aquí hay alojamientos de gama media a precios más bajos.

IMPRESCINDIBLE

Nos encanta...

Jìng'ān (p. 101), ya que aquí se concentran muchos de los mejores bares y restaurantes de la ciudad. Cuenta con magníficos hoteles-*boutique* y está bien comunicada con los barrios de la antigua Concesión Francesa y la plaza del Pueblo: siempre cerca de la animación.

CUÁNTO CUESTA

Cama en dormitorio
75-100 ¥

Hotel-*boutique* de gama media
500-1000 ¥

Habitación doble en hotel elegante
desde 1000 ¥

Comida, bebida y fiesta

Alergias e intolerancias

Shanghái es un campo de minas para quienes padecen intolerancias. En restaurantes caros, los menús incluyen los alérgenos y se puede preguntar al personal. La contaminación cruzada es más habitual en cuchitriles.

CÓMO SE DICE

Tengo alergia a la salsa de soja/trigo/gluten/marisco
Wǒ duì jiàng yóu / miàn fěn guò mǐn / Wǒ duì bèi lèi guò mǐn
(我对酱油／面粉过敏 / 我对贝类过敏)
Tengo alergia a los frutos secos/cacahuetes
Wǒ duì jiān guǒ / huā shēng guò mǐn
(我对坚果／花生过敏)
Soy intolerante a la lactosa
Wǒ duì rǔ táng bú nài shòu (我对乳糖不耐受)

Comer fuera

En muchos locales diminutos los menús solo están en chino; habrá que usar una *app* de traducción.

La gente suele comer a las 12.00 en punto y cenar entre las 18.00 y las 20.00.

Hoy es ya habitual que haya códigos QR en lugar de camareros. Se usa el servicio de traducción de Alipay para entender los menús y códigos y la comida llega a la mesa.

Pagar la cuenta

No llevan la cuenta a la mesa a menos que se pida. En restaurantes de gama baja o media, es habitual gritar *mǎi-dān* (买单) al camarero para que la traiga; no se ofenderá. En lugares de mayor categoría, donde hay un mejor servicio, basta con pedirla educadamente.

Por lo general, la cuenta se divide a partes iguales, pero una persona puede hacerse cargo de todo, y es costumbre transferir el dinero por WeChat o Alipay.

En Shanghái no es necesario dejar propina en restaurantes o bares. Dicho esto, algunos locales de lujo pueden añadir un recargo por servicio de alrededor del 15%.

?

CÓMO DECIR...

Menú
Càidān (菜单)
¿Cuánto cuesta?
Duōshǎo qián? (多少钱)
Carne
Ròu (肉)
Pescado
Yúròu(鱼)
Verduras
Shū cài (蔬菜)
Arroz blanco
Mǐfàn (米饭)
Tallarines
Miàn (面)
Agua
shǔi (水)
Cerveza
Píjiǔ (啤酒)
Vino
Pútáojiǔ (葡萄酒)

PRECIOS

Las siguientes horquillas se refieren al coste medio de un plato principal.
¥ menos de 80 ¥
¥¥ 80-180 ¥
¥¥¥ más de 180 ¥

HORARIOS

Cafeterías 7.00-20.00.
Restaurantes Casi todos 11.00-22.00; algunos 10.00-14.30 y 17.00-23.00.
Locales de comida rápida 10.00-1.00.

Salir

Clubes Entre el 2010 y el 2020 Shanghái era ideal para salir de fiesta, pero muchos locales han cerrado debido a una combinación de redadas antidrogas y efectos de la covid-19. Algunos abren hasta las 3.00, pero apenas hay fiestas hasta altas horas de la madrugada.
Cuándo ir Las discotecas abren hacia las 22.00; a los bares nocturnos se va desde la tarde noche.
'Happy hour' Casi todos los bares y muchos restaurantes atraen con bebidas y aperitivos baratos.
'Baijiu' La bebida nacional de China es un licor que se remonta a hace 5000 años. Se elabora con trigo destilado o arroz glutinoso y se toma en vasos de chupito para brindar. Es costumbre decir *gānbēi* al beber, que significa "vaso seco".

CUÁNTO CUESTA

Bebida en 'happy hour' A partir de 20 ¥
Cóctel 80-150 ¥
Café 30-60 ¥
Vino A partir de 80 ¥
Té y zumo A partir de 30 ¥

SIN CARNE

Los veganos y vegetarianos encontrarán muchas opciones, pero los platos vegetarianos podrían estar cocinados con grasa animal o contener cerdo. La mayoría de los templos budistas cuentan con restaurantes vegetarianos económicos. Para decir que uno es vegetariano: "Wǒ bùnéng chī ròu (我不能吃肉)".

Comunidad LGTBIQ+

Hombres y mujeres con parejas del mismo sexo o que mantengan relaciones sexuales no se enfrentan a ningún problema legal en China, y la escena LGTBIQ+ de Shanghái está en auge y es divertida, aunque resulta complicada.

Shànghǎi Pride

Shanghái es una ciudad que se está liberalizando, por lo que es un destino para la comunidad LGTBIQ+ de China y el Shànghǎi Pride anual es muy divertido. El primer Orgullo se celebró en el 2009, con una gran fiesta y muchos actos individuales por toda la ciudad en lugar del típico desfile, pues las protestas son ilegales en China.

Los eventos del Orgullo se celebraron durante varios años, aunque el más reciente tuvo lugar en el 2019 y no se ha vuelto a comentar nada al respecto. Pese a ello, los organizadores del Shànghǎi Pride siguen ofreciendo asesoramiento, ayuda y asistencia a la comunidad LGTBIQ+. Más información en shpride.com.

IMPRESCINDIBLE

Los mejores bares LGTBIQ+

Moon Cafe & Bar
Divertido *lounge* para gais, sobre todo hombres.

Hunt
Espacio moderno y elegante con noches especiales.

Culture Club
Discoteca LGTBIQ+ enorme y concurrida llena de gente guapa.

Roxie
Acogedor bar de lesbianas.

BARRIOS

La mayoría de los locales gais se concentran en la antigua Concesión Francesa. A los bares suele ir una clientela masculina, pero acogen a lesbianas, trans y simpatizantes.

9MONSTERS

La *app* social y de citas local 9Monsters informa de fiestas *pop-up*, lugares de moda y bares en Shanghái.

Recursos

- **Utopia** (utopia-asia.com) ofrece información actualizada sobre lugares en Shanghái y resto de China que acogen a gais y lesbianas
- **Travel Gay Asia** (travelgayasia.com) es una buena fuente de información sobre el colectivo LGTBIQ+.

Salud y seguridad

Shanghái es muy segura pero, como en todas las grandes ciudades, hay que tener en cuenta algunas cosas.

AGUA DEL GRIFO

Si bien la calidad del agua en Shanghái está mejorando, no se recomienda beber agua del grifo. Casi todos los hoteles y pensiones proporcionan agua embotellada, que también se puede conseguir fácilmente (y barata) por la ciudad.

Seguridad

Para el tamaño que tiene, Shanghái es una ciudad bastante segura. Los extranjeros rara vez son víctimas de delitos; los pequeños hurtos son muy poco frecuentes.

Las mujeres también se sentirán cómodas; apenas se dan casos de acoso o toqueteos. En caso de robo, hay que presentar una denuncia en la oficina del **Public Security Bureau** (PSB; 公安局; Gōng'ānjú) a efectos del seguro de viaje.

Usar taxis oficiales

No tomar taxis sin señalizar: no es habitual, pero ha habido robos y agresiones sexuales a extranjeros.

Cruzar las calles

Tal vez cruzar las caóticas calles sea lo más peligroso de Shanghái. Hay que mirar bien antes de cruzar aunque el semáforo esté en verde, usar los pasos de cebra siempre que sea posible y no ser imprudente en las intersecciones con mucho tráfico.

TIMOS

No son frecuentes. Sin embargo, se conoce un timo en el que "estudiantes" que hablan inglés convencen a los turistas para ir a una casa de té con precios estratosféricos.

A TENER EN CUENTA

Lavabos públicos

La regla de oro es llevar siempre papel higiénico para una emergencia, ya que muchos aseos no tienen.

Números útiles

Ambulancia 120; Bomberos 119; Policía 110

Turismo responsable

Consejos para dejar menos huella, apoyar lo local y beneficiar a las comunidades.

Elegir bien el alojamiento

Se aconseja escoger hoteles que se esfuercen por reducir su huella de carbono. Cadenas como PuLi Hotel and Spa, Waldorf Astoria, Peninsula y Bvlgari cuentan con planes y dispositivos ecológicos, desde el uso de botellas de vidrio, gas natural y productos químicos ecológicos hasta la instalación de dispositivos de ahorro de energía en las habitaciones.

Beber agua

Es mejor no comprar botellas de plástico de un solo uso, sino llevar una botella reutilizable que se puede rellenar gratis en muchos sitios; en parques grandes hay fuentes de agua caliente para tomar té.

En bici (y metro)

Aunque tomar un taxi es fácil y asequible en Shanghái, es mejor ayudar a reducir el tráfico optando por ir en bici o en metro. Hay más de 500 paradas de metro, además de ser barato y eficiente.

Hay bicis en casi todas las calles; basta con escanear el código QR en Alipay (las azules de Hellobike son las mejores).

DESDE LA IZDA.: TSHOOTER/SHUTTERSTOCK ©, BECKY STARSMORE/SHUTTERSTOCK ©, CUBRAZOL/SHUTTERSTOCK ©

IMPRESCINDIBLE

El primer hotel neutral en carbono de China

El **URBN Hotel** de Jìng'ān es un espacio minimalista construido íntegramente con materiales reciclados. El gimnasio neutraliza sus emisiones de carbono y recicla ropa. Además, dona al Million Tree Project por cada huésped.

Recursos

• **english.shanghai.gov.cn** Oficina Municipal de Ecología y Medio Ambiente de Shanghái • **responsibletravel.com** Consejos para un turismo responsable • **etichotels.com/china** Hoteles éticos y sostenibles en China.

PRODUCTOS ECOLÓGICOS

Consumir productos ecológicos ayuda a reducir el uso de fertilizantes nitrogenados y pesticidas en los cultivos. Estos productos se reconocen en los supermercados por la pegatina con un círculo verde y lo que parece el planeta Saturno en el centro.

Viajar en temporada baja

Resulta tentador visitar la ciudad durante el Año Nuevo chino y el Festival de los Faroles (p. 71), pero viajar en temporada baja contribuye a un reparto más equilibrado del dinero.

Lo mismo ocurre a pequeña escala. Se pueden reducir las colas y la presión en los pequeños restaurantes si se come fuera de horas punta (generalmente de 11.00 a 12.00 y de 18.00 a 20.00, cuando los lugareños prefieren comer y cenar).

APOYAR LA ECONOMÍA LOCAL

Si se acude a pequeños restaurantes independientes, el dinero irá directo a ciudadanos de Shanghái. Y, además de ser más asequible, brinda la oportunidad de probar sabores nuevos.

El cambio climático y los viajes

Es imposible ignorar el impacto de nuestros viajes y la importancia de hacer cambios. Lonely Planet anima a todos los viajeros a involucrarse en su huella de carbono. Muchas webs de líneas aéreas y sitios de reservas ofrecen la opción de compensar el impacto de los gases de efecto invernadero realizando donaciones para iniciativas respetuosas con el clima en todo el mundo.

Hay muchas calculadoras de carbono en línea que permiten calcular las emisiones generadas por un viaje, como **resurgence.org** en el siguiente código QR.

Accesibilidad

Transporte público

Algunas estaciones de metro disponen de ascensores para acceder a los andenes, pero no siempre funcionan. En muchas estaciones también hay escaleras mecánicas, aunque algunas solo van desde el vestíbulo hasta la salida, y no a los andenes.

Viajes compartidos y taxis

La mejor opción para traslados de punto a punto son las *apps* de viajes compartidos; los coches pueden solicitarse a través de DiDi y Alipay. Se puede elegir un coche más grande si se necesita espacio extra o cargar una silla de ruedas.

ATRACCIONES

Cada vez hay más atracciones, museos y estadios accesibles en sillas de ruedas, sobre todo los más recientes. Es mejor consultar las webs o llamar antes para confirmar si hay ascensor; las atracciones más grandes cuentan con personal de habla inglesa.

Alojamiento

Los hoteles de gama alta suelen disponer de habitaciones para personas con necesidades adicionales, con elementos como puertas más anchas para sillas de ruedas, duchas sin bordillos y pasamanos en los aseos.

IMPRESCINDIBLE

Shànghǎi Disneyland (p. 127) es una de las atracciones mejor preparadas para personas con necesidades adicionales. Entre los servicios hay lanzaderas; alquiler de sillas de ruedas; lenguaje de signos en algunos espectáculos; mapas táctiles; aseos accesibles, audífonos... Hay que llamar de antemano para concertar estos servicios y esperar largas colas en las atracciones: mejor llegar antes de las 9.00.

CÓMO DESPLAZARSE

Aunque Shanghái es una ciudad muy orientada a los peatones, por desgracia las aceras irregulares, el tráfico a menudo caótico y los pasos elevados pueden plantear dificultades a los viajeros con problemas de movilidad.

Lo esencial

Horario comercial

Bank of China 9.30-11.30 y 13.30-16.30 de lunes a viernes. Algunas grandes sucursales abren temprano el sábado y el domingo.

Bares Normalmente 17.00-2.00.

Museos Algunos cierran el lunes. La última entrada suele ser 1 h antes del cierre.

Oficinas y departamentos del Gobierno 9.00-12.00 y 14.00-16.30 de lunes a viernes.

Restaurantes Casi todos de 11.00 a 22.00; algunos de 10.00 a 14.30 y de 17.00 a 23.00.

Tiendas, centros comerciales y grandes almacenes Normalmente 10.00-22.00.

A TENER EN CUENTA

Hora local Hora oficial China/Pekín (GMT/UTC +8 h)
Código de ciudad 021
Ambulancia 120
Población 30 millones

Fumar

Aunque las autoridades prohíben fumar en todos los lugares públicos cerrados, a menudo se hace caso omiso; en bares y restaurantes, la norma se incumple.

Abierto
Yíngyè zhōng (营业中)
Cerrado
Xiūxí (休息)

ELECTRICIDAD

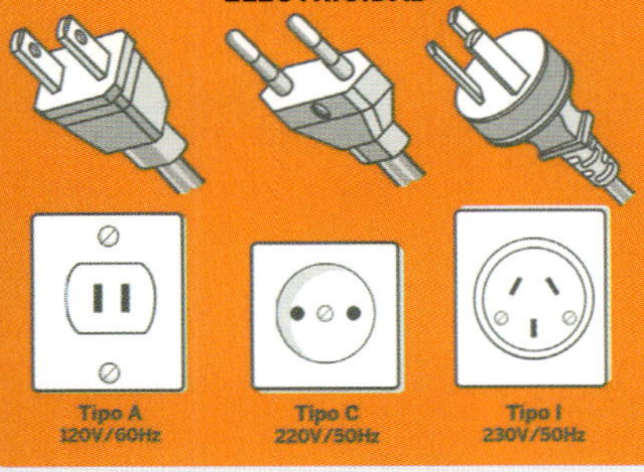

Fiestas oficiales

Año Nuevo (Yuándàn) 1 de enero

Festival de Primavera (Chūn Jié) 29 de enero del 2025, 17 de febrero del 2026, 6 de febrero del 2027; también conocido como Año Nuevo chino; oficialmente son tres días, pero puede durar hasta una semana

Día de Limpieza de las Tumbas (Qīngming Jié) 4 o 5 de abril

Día Internacional del Trabajo (Láodòng Jié) 1 de mayo; tres días festivos

Fiesta del Barco del Dragón (Duānwū Jié) 31 de mayo del 2025, 19 de junio del 2026, 9 de junio del 2027

Festival de Mediados de Otoño (Zhōngqiū Jié) 6 de octubre del 2025, 25 de septiembre del 2026, 5 de septiembre del 2027

Día Nacional (Guóqing Jié) 1 de octubre; oficialmente son tres días, pero puede alargarse una semana

Idioma

Lo básico

Hola.
你好。**Nĭhăo.**

Adiós.
再见。**Zàijiàn.**

Sí.
是。**Shì.**

No.
不是。**Bùshì.**

Por favor.
请. **Qĭng.**

Gracias.
谢谢你。**Xièxie nĭ.**

Disculpe.
劳驾。**Láojià.**

Perdón.
对不起。**Duìbùqĭ.**

Frases útiles

¿Habla inglés?
你会说英文吗? Nĭ huìshuō Yīngwén ma?

No entiendo.
我不明白。Wŏ bù míngbái.

Quisiera...
我要…… Wŏ yào ...

una mesa para dos 一张两个人的桌子 yīzhāng liăngge rén de zhuōzi

la carta de bebidas 酒水单 jiŭshuĭ dān

la carta 菜单 càidān

cerveza 啤酒 píjiŭ

café 咖啡 kāfēi

La cuenta, por favor.
买单! Măidān!

¿Cuánto cuesta?
多少钱? Duōshăo qián?

Es demasiado caro.
太贵了。Tàiguì le.

¿Me puede hacer un descuento?
能便宜 一点吗? Néng piányi yīdiăn ma?

¿Dónde están los aseos?
厕所在哪儿? Cèsuŏ zài năr?

Números

1	2	3	4	5
一 **yī**	二/两 **èr/liăng**	三 **sān**	四 **sì**	五 **wŭ**

Señalización

入口 rù kǒu
Entrada

出口 chū kǒu
Salida

派出所 pàichūsuǒ
Comisaría de policía

浴室 yù shì
Lavabos

男 nán
Masculinos

女 nǚ
Femeninos

不许吸烟 bùxǔ xīyān
No fumar

问讯处 Wènxùnchù
Información

开 Kāi
Abierto

关 Guān
Cerrado

禁止 Jìnzhǐ
Aseos

Un brindis

Cuando se brinda entre amigos, "¡salud!" se diría 干杯! Gānbēi!

En el aeropuerto

Llegadas 入境口
Rùjìng kǒu

Salidas 出境口
Chūjìng kǒu

Tienda libre de impuestos 免税店
Miǎnshuì diàn

Puerta (8) (8号)登机口
(Bā hào) dēngjī kǒu

INFORMACIÓN ÚTIL

Si se va a Shanghái en el Año Nuevo chino, esta expresión es un saludo muy popular, sobre todo en el sur de China.
恭喜发财
'Gōngxǐ fācái!'
Literalmente, significa: "¡Felicidades! ¡Que ganes mucho dinero!".

'PINYIN'

El chino mandarín o *pǔtōnghuà* (habla común), como es conocido entre los chinos, se puede escribir utilizando el alfabeto latino. Este sistema se conoce como *pinyin;* en las siguientes frases se han incluido tanto la representación en mandarín como en *pinyin.*

El mandarín presenta gran variación tonal, es decir, una subida o bajada del acento en ciertas sílabas. Hay cuatro tonos en mandarín, además de un quinto "neutro". En *pinyin,* los acentos se indican con tildes sobre las vocales: ā (alto), á (ascendente), ǎ (descendente-ascendente) y à (descendente).

6	7	8	9	10
六 **liù**	七 **qī**	八 **bā**	九 **jiǔ**	十 **shí**

Índice

Puntos de interés p. 000
Págs. de los planos p. 000

Véase también los subíndices:
Comer p. 156
Beber p. 157
Comprar p. 158

Comer

Beber

Comprar

La opinión del lector

Nos encanta escuchar a los viajeros, ya que con sus comentarios nos ayudan a mejorar nuestros libros. Podéis escribirnos a lonelyplanet.com/contact; leemos todos los mensajes y garantizamos que estos lleguen a los autores.

Nota: Es posible que algunos fragmentos de estos mensajes aparezcan en nuevas ediciones de las guías Lonely Planet, en la web o en productos digitales. Si preferís que vuestro contenido o nombre no sean publicados, por favor, indicadlo claramente. Para obtener una copia de nuestra política de privacidad, podéis visitar lonelyplanet.com/legal.

geoPlaneta
Av. Diagonal 662-664, 08034 Barcelona
www.geoplaneta.com – www.lonelyplanet.es

Lonely Planet Global Limited
Lonely Planet Global Limited, Digital Depot,
The Digital Hub, Dublín D08 TCV4, Irlanda
www.lonelyplanet.com
Contacta con Lonely Planet en: lonelyplanet.com/contact

Shanghái de cerca
3ª edición en español – marzo del 2025
Traducción de *Pocket Shanghai*, 5ª edición – diciembre del 2024

1ª edición en español – juny del 2014

Editorial Planeta, S.A.
Av. Diagonal 662-664, 7°. 08034 Barcelona (España)
Con la autorización para la edición en español de Lonely Planet Global Limited, Digital Depot,
The Digital Hub, Dublín, D08 TCV4, Irlanda

ISBN: 978-84-08-22969-8
Depósito legal: B. 4.872-2020
Impresión y encuadernación: Estella
Printed in Spain – Impreso en España